【異説】親鸞・浄土真宗ノート

玉川信明
Tamagawa Nobuaki

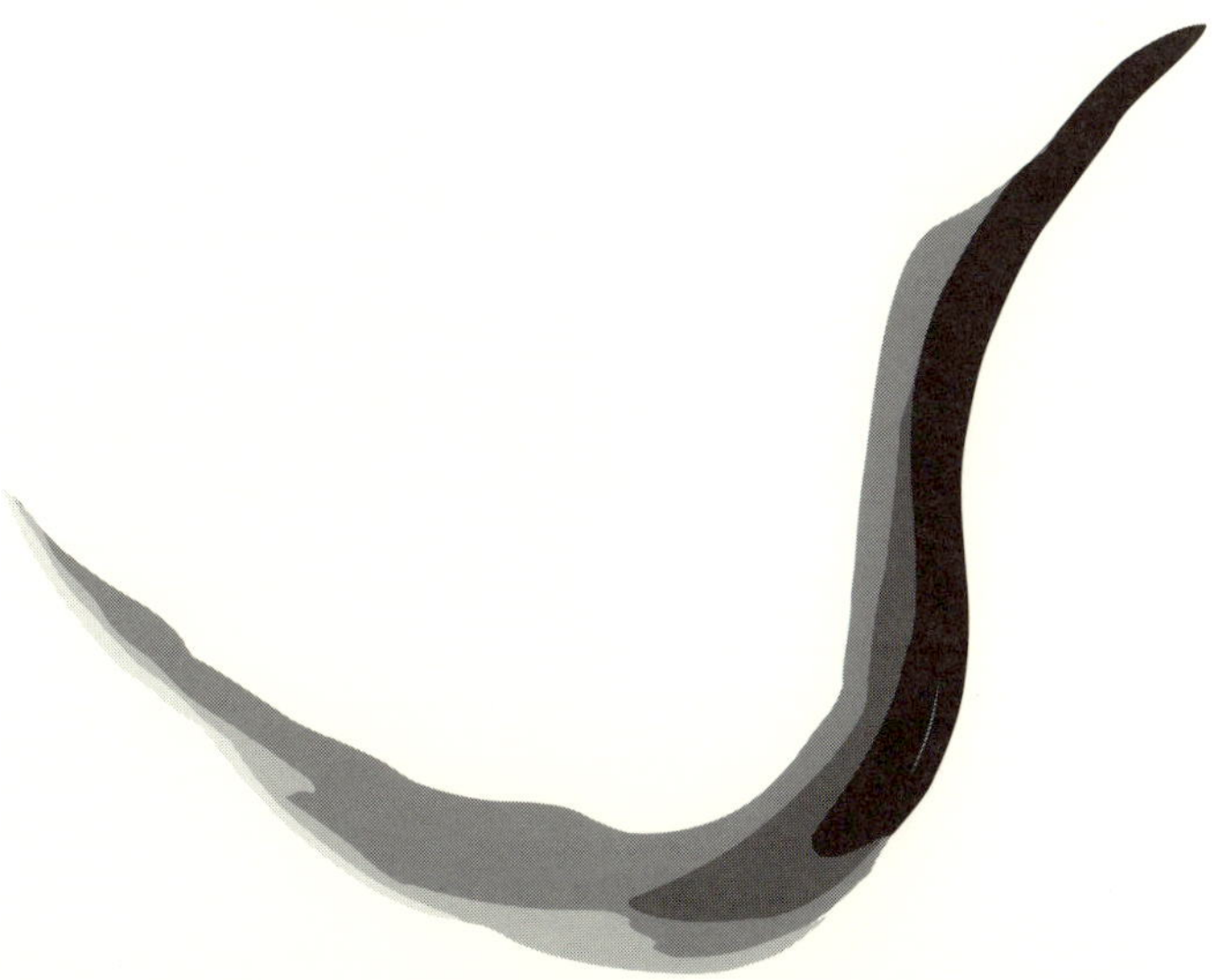

社会評論社

まえがき

僕が初めて親鸞なる人物を知ったのは、二十二、三歳のコミュニスト時代である。その時代党活動の一環として、当時富山にいた大谷大学出の作家・岩倉政治さんが、浄土真宗独特の組織であるお座（講ともいう。信徒の寄り合い）を利用して、『嘆異抄』の移動講座を行っておられた。その際僕の隣村の八町《はっちょう》にも寄られて、主として『嘆異抄』の講義をされたのであるが、僕はその講義を聞いて、いっぺんに親鸞に魅せられた。

そもそもこの書のいかにもペシミスティックな美文にはほとほと囚われ、書中の「たとひ法然上人《しょうにん》にすかされまひらせて、念仏して地獄におちたりとも、さらに後悔すべからずさふらう」、「いづれの行もをよびがたき身なれば、とても地獄は一定《いちじょう》すみかぞかし」「われらがごとく下根《げこん》の凡夫《ぼんぷ》、一文不通のものの信ずればたすかるよしうけたまはりて信じさふらへば」なんぞというという言葉に、ひどく胸がに打たれたのである。

岩倉さんの解説も僕の胸をふるわせるのに充分であった。「南無阿弥陀仏《なむあみだぶつ》」の一念は「他力《たりき》」なんぞというありようにふさわしくない自力《じりき》「覚悟」の要請と受け取った。この信心の言葉が自分の腹に座り、どっと肩の荷が降りたような気がした。岩倉さんは、「これがリアリズムです」と解説されたが、僕はそのリアリズム（現実）の言葉にハッとして、瞬時にその意は自分のうちの覚悟の徹底として収められた。

僕は「これが真実なんだぞ」の言葉に文字通り腹の底から惹《ひ》かれた。ひどく孤独で、辛い気分の時であったから、「それ、それ、それが現実なんだぞ」と言われることで、自分の暗黒がすっと瞬時にして引いていき、現実の辛さから解放された気分に満たされた。辛ければ辛いほどその辛さを避けるのではなく、反対に「これが現実なんだぞ」と肯定的に引き受けることで、心中の辛さは瞬間的に救われた気になることを初めて体験した。

思索と行動。この二者を結ぶ無限の暗さが吹っ飛び、二者融合の決断はただちに得られた。決断は言い換えれば現実を見る「覚悟」である。この覚悟が一面での僕の行動的な性格に火をつけた。覚悟は行動への「橋」としてあったのである。言い換えれば党活動への媒介者としてはたらく覚悟を自分の肉体に教えてくれた。それが『嘆異抄』であった。

『嘆異抄』は要するに絶望の書である。初めから終わりまで「自力」のむなしさが説かれ、「他力」の阿弥陀仏による救済が現されている。それでいてこの書は、絶望故に世の中を捨てろとは教えていない。これを回転軸（救済）として、生へのうながしの書となっている。それはまさに生活している人のための宗教であったればこそ、である。生きる！　これがそもそもの大前提にあったればこそ、この書は人生のよき指針となった。
その後上京して僕は大衆団体の「嘆異抄研究会」に入って勉強し、その席で一語しゃべらざるを得ないハメになった。その時僕は、「もし僕が孤島に流されて、その際ただ一冊の本だけ持っていってもよろしい」と宣告されれば、僕は喜んで『嘆異抄』一冊を携えて孤島に出かけます——という意味の言葉を述べたくらいこの書には惹かれていた。そして『嘆異抄』に対する、この思いはその後五十年を経てもずっと変わらなかった。

そして一度は浄土教というか、親鸞の本を書いてみようという気も変わらなかった。僕は結局物書き人生の仕事を担うことになったのであるが、書きたい本を次々クリアしてゆくその間にも、親鸞本へのこだわりは変わりはなかった。そして大衆受けをねらったような奇人変人の伝記ものなどを一通り片づけてから、いよいよ自分の残された人生の残り寿命のことも考え、徐々に本格的な宗教ものに移っていった。僕は七十歳、日本ジャーナリスト専門学校定年と同時に、インドの偉大な宗教家和尚《おしょう》（もとはバグワン・シュリ・ラジニーシと称していた）を知って、自分の全生涯を解説してもらった気がした。

そしてその記念塚として和尚の本を四冊にまとめ書きし、終了してから、いよいよ若い時からの念願である親鸞書にかかり始めた。全集はもちろん持っていたが、この世界の関係本は汗牛充棟ただならぬものがあって、無慮数百冊刊行されており、その間から七、八十冊の本を買い集めて、全編読みだしたのである。ここで実に不思議な現象が僕の心に起こってきた。というのは親鸞本を読みに読んでいくにつれ、疑問が百出してくるのである。

四、五十冊も読んだ頃のことであろうか、僕はため息をつき、長年愛してきた親鸞に別れを告げなければならないことに気づいた。いったんそのように思い込んでみると、反転して、浄土真宗と親鸞の正面からの批判本を考えざるを得なかった。そして疑問をまとめて整理してみると、その方向でちゃんと執筆可能であることに気付かされた。一つにはいわゆる親鸞本を検討してみると、まず百パーセントといってよいほど、浄土宗と親鸞べったりの本ばかりである。疑いの本がない。このような出版状況に対し一波瀾起こすのも一興とも思われた。そこで勇躍インドの大宗教家・和尚の助けも借りて、一気に原稿を書き上げた。

それ故、僕には信仰心というものもないし、親鸞研究についてもまったく素人であるから、専門研究家の口にあわないものになったかも知れないと自ら推断する。しかしその辺は親鸞研究上での僕の今の決断であるから変更は不可能である。僕自身にはこのようにしか考えられないと、腹をくくって書いたのがこの書である。願わくば、現代にはこのように親鸞を「半俗者」としてみる見方もあるのだと、専門家には寛如していただきたい。

異説　親鸞・浄土真宗ノート＊目次

目次

第三部　仏教研究諸家による浄土教批判

プロローグ

親鸞の生涯の略歴

「悪人正機」説〔善人よりも悪人の方が先に救われる〕で名高い親鸞は、承安三（一一七三）年に誕生した。親鸞の曾孫、覚如《かくにょ》の『御伝鈔《ごでんしょう》』によれば、生家は藤原貴族の一門の日野家で、父は皇太后に仕えていた有範《ありのり》であると記されている。しかし家の没落により親鸞は、九歳の時出家した。『御伝鈔』には、養父の日野範綱《のりつな》に連れられて、比叡山の慈円《じえん》のもとで髪を下ろしたとしている。比叡山では二十九歳まで修行の日を送った。

山での親鸞の仕事は常行三昧堂《じょうぎょうざんまいどう》で、堂僧《どうそう》を勤めていた。堂僧とは、念仏を称えながら仏の回りをぐるぐる回る僧侶のことであり、低い地位にあった。この時代の比叡山は、主軸は天台宗であるが、仏教から派生した奇妙な行事が行われ、仏の道とは背反していたのである。親鸞は懊悩《おうのう》した。懊悩の内容は二つあり、一つは仏教の根本問題である菩薩《ぼさつ》〔仏の下位にある〕への修行の道であろうが、今一つは燃え盛る性欲の問題であった。

青年親鸞は深い悩みと強い懐疑に包まれていた。一つには比叡山での念仏が自力〔自己の力にたよる〕の修業としての念仏行でもあったからである。親鸞はついに山を下りた。そしてこの国の仏教興隆の元祖であり、「救世観音《ぐぜかんのん》」の再来と呼ばれる聖徳太子を尋ね、六角堂にこもり、観音のお告げを受けて、二十九歳の折り法然の門下に入った。そして今までの難行《なんぎょう》〔難しい修行〕・聖道教《しょうどうきょう》の自力宗教に対し、衆生《しゅじょう》〔大衆〕にも易しい他力〔阿弥陀仏の救いによる〕の易行《いぎょう》を学んで自覚転向した。

しかしこの鎌倉新仏教の高僧らは既成仏教の抵抗・弾圧を受けた。その直接の理由は法念門下の住蓮《じゅうれん》・安楽《あんらく》が御鳥羽《ごとば》上皇の女官たちとスキャンダルを起こしたことで上皇の激怒をかったものである。確かに浄土宗には、造悪無碍《ぞうあくむげ》・本願《ほんがん》ぼこり〔どんな悪行でも阿弥陀仏に救いとられる〕という思想がはびこっていて、勝手気ままにふるまうものが多かったのである。その結果法然は土佐（高知県）へ、親鸞（三十三歳）は越後（新潟県）に流された。

念仏は政府の名のもとに禁止された。同じ念仏であっても法然以前のものは、自力修業のものであり、完全な他力念仏ではなかった。法然は貴族にも念仏を説いたが、多くの庶民にも真実の浄土の教えとしてただ一筋の念仏を説いた。阿弥陀仏《あみだぶつ》の慈悲は広大であり、浄土に迎えるという無辺な願いはすべての衆生に平等であるはずのものだったからだ。

親鸞の配流《はいる》〔辺地への流刑〕は五年近くたって赦免《しゃめん》された。しかし親鸞は帰洛《きらく》〔京都に帰る〕しなかった。親鸞は雪国越後から常陸《ひたち》（茨城県）に移住した。流罪されてから七年の時が過ぎ、年は四十二歳になっていた。しかも親鸞は常陸には妻子をともなっている。越後では恵信尼《えしんに》という女性と結婚していたのである。恵信尼は土地の豪族三善《みよし》の息女といわれ、夫と同じ高野《こうや》聖《ひじり》（特定教団に属さない自由な半僧半俗の尼僧）系の尼だったといわれている。

関東では念仏が不毛であった。親鸞は、師匠の説いた念仏をこの土地の人たちに広めた。といっても、多くは霊性と学問を持つ親鸞の姿に引かれて草庵《そうあん》に訪れて感化されたものといわれる。門弟には「屠沽《とこ》の人々」（屠は猟・漁師、沽は商い人）、被差別民が多かった。関東二十年の間には一万人以上の信徒を配下となした。しかし親鸞は布教だけに心を砕《くだ》いたわけではない。理念としての浄土教を結晶させた。大著『教行信証』がそれだ。この著によれば流され者故に「非僧非俗」（僧でもなく俗人でもない）を自称していた。

関東での親鸞の布教は、常陸が拠点《きょてん》になったらしく、親鸞の住まいした笠間市稲田の西念寺《さいねんじ》やその付近には旧蹟が多い。現在でも関東地方には、親鸞ゆかりの寺が多い。門弟の二十四カ寺を巡拝する風習が今もなお続いている。いわゆる二十四輩《はい》がそれだ。関東での念仏は、次第に広がっていったが、妻子とも別れ（同伴したという説もある）、故郷の京都へ帰ることになった。その主な理由は鎌倉幕府が念仏禁止令をだしたことによる（『教行信証《きょうぎょうしんしょう》』を完成したかったこともある）。文暦二（一二三五）年、六十三歳の時である。

京都での親鸞は、あちこち放浪しながら著述に専念した。関東との連絡は断たれることなく、文通を通じて布教された。しかし困ったことは、多数の門弟の中には親鸞の説いた信仰とは違った者、いわゆる造悪無碍《ぞうあくむげ》・本願ぼこりの輩《やから》が数多く出てきたことである。門弟と門弟が、そのまた門弟をめぐって取り合いの醜い争いも起こした。

それら問題行為の中でも最大の事件は、関東へ紛争調停のために派遣した息子の善鸞《ぜんらん》を、父子の縁を切って義絶（別離）したことである。理由は善鸞の越権行為にあるとされているが、関東の弟子たちは「法脈《ほうみゃく》」（仏法の正法）であり、善鸞は「血脈」である。つまり念仏信仰の系譜と肉親の系譜《けいふ》が争ったようである。どちらも布教という立場からだが、ついに戦闘的になり、いろいろの戦術が使われたらしい。親鸞は門弟の訴えを聞き、自身の手で善鸞を義絶した。時に康元《こうげん》（一二五六）年、親鸞八十四歳である。

晩年の親鸞は、澄んだ心境のうちに、阿弥陀仏や浄土や高僧などを、四行一節になる「和讃」（庶民の言葉による詩）を数多く作った。その親鸞も、寿命は尽きて、ついにみまかった。終焉の地は、京都の舎弟尋有《じんゆう》の僧坊であったと伝えられる。時に弘長二（一二六二）年一一月二十八日、九十歳だった。ここに親鸞はついに波瀾万丈《はらんばんじょう》の生涯を閉じた。それは真にエゴイスティックに見えるほど、探究心の活発旺盛な人生であったと思われる。

浄土真宗の教義

浄土宗の教義はこの著作に関係しての、知る必要のあるごく簡単な内容だけに止めて置きたい。最初に仏教では、仏となるには自分の力で励《はげ》み、悟りを開く教え、即ち「聖道門《しょうどうもん》」「自力」「難行」があり、他方阿弥陀仏《あみだぶつ》の力により救われて、浄土に生まれさせていただく教え、「浄土門《じょうどもん》」「他力」「易行《いぎょう》〔易しい行〕」の二種類がある。親鸞は師法然に勉強させてもらい、他力浄土門の方が向いていると思い、易行としての浄土門を選んだ。

では、なぜ親鸞は浄土門を選んだかというと、二つの理由が考えられる。

一つは自分の体験によるものである。真面目な親鸞は比叡山の修業の中で、恐らくは仏候補の菩薩《ぼさつ》たらんとして、懸命に勉強したのであろう。しかし、二十年あまり難しい天台系の仏典を読んでもとても菩薩になれそうにもないと絶望的になってきた。自力で仏になることは如何に難しいか、真言宗の空海も語っている。彼は入寂《にゅうじゃく》間際に、「私はもう一度生まれ代わって、修行をし直さなければとても仏にはなれない」と述懐している。

二つには当時の民衆の生活というものは、戦乱や飢饉により悲惨なもので、京の都の道端には死体がごろごろしていた。中には死んだ母親の乳房に、まだ生きている赤ん坊が吸いついている光景もあった。そうした現実をみては、親鸞は、慈悲心を催《もよお》さざるを得なかった。何とかして仏教でこの衆生《しゅじょう》〔民衆〕を救いたい。しかし彼らに苦しい肉体修行を押しつけることはとてもできることではなかったし、そもそも目に一丁字もない者が、経典を読めるはずもない。当時の農民の識字率は、大体五％くらいだといわれているからである。

かくして浄土教の勉強を始めたが、真宗の信仰のよりどころとなる聖経は、浄土の三部経といわれる。『仏説無量寿経《むりょうじゅ》』『仏説観無量寿経《かんむりょうじゅ》』『仏説阿弥陀経』である。これを略して『大経《だいきょう》』『観経《かんぎょう》』『小経《しょうきょう》』と呼ばれる。この中でも中心的な経典は『大経』であるが、この経典のあらましは、ある時ブッダが、尊い姿で現れた。不思議に思って弟子の阿難《あなん》が尋ねると、ブッダは今日こそすべての人々がその身そのままで救われる阿弥陀の約束〔本願〕を説くのであるといわれた。その本願とは世自在王仏《せじざいおうぶつ》のもとの法蔵の言葉であった。

法蔵はあらゆる浄土を見て、五劫《こう》〔劫は仏教の超時間の単位〕も考えて、どの仏にもまさる四《し》十八願《じゅうはちがん》の誓約〔本願〕を立てられた。その四十八願はそれぞれ特色のあるものだが、その中でも特に際立っていると法蔵がとらえたのは、第十八願であった。その内容は、

「例え私は仏となることを得ても、もし十方〔周り全部〕の衆生が、心をこめて信心歓喜《かんぎ》し、わが浄土に往生〔往きて生まれる〕しようと思い、念仏すること僅か十念〔十遍〕の者までが、もし往生できぬようなら、私は正覚〔仏格〕を取らない。ただし、五逆〔父を殺す、母を殺す、阿《あ》羅漢《らかん》を殺す、仏身より血を出す、和合僧団を破る〕を犯せるものと、正法を誹謗《ひぼう》する者とを除く」〔念

仏でどんな罪深い者でも阿弥陀により浄土に救われるの意〉とある。

『観経』は王舎城での浄土願望物語。『小経』では、ここから西の方二百十億の仏土を越えると極楽という今でも阿弥陀仏（この仏の光は、十方くまなく照らし、その命も限りがないので阿弥陀とした）が説法しているという浄土なるものを懇切に紹介している。

しかし浄土へ往生するには、人間の力で勤める功徳《くどく》では不足であり、ただ阿弥陀仏のみ名を信じ讃《たた》えて、一日でも二日でも三日でも、心を一つにして疑いがないならば、命の終わる時に、仏が迎えにこられて往生できる――とする。このようにして、ブッダは初めから終わりまで、弥陀の浄土の功徳と、往生の道と、仏たちのお勧《すす》めとお護りについてお説きになり、念仏往生こそ、すべての仏たちの証明して下さった真の救いであると説かれた。

そうした根源経典により発奮した親鸞は、関東にいた時に『教行信証』〈漢文の『顕《けん》浄土真実教行証文類《もんるい》』の略。全六巻〉を書き始めた。その内容については、浄土真宗の根本の書であるといわれている。

ただしこの書は親鸞の著述というわけではなく、親鸞がよりすぐった数多くの聖経《しょうぎょう》の文章を引用し、敬虔《けいけん》で、鋭く深い自身の理解を交えて〈自釈《じしゃく》〉、弥陀の真の願いとブッダの真の教えに救われていく衆生《しゅじょう》の姿を明らかにされたものである。だが、ブッダ自身はこの宗派の混乱をお見通しになっていて、「往き易くして、往く人なし」といわれたという。

親鸞が本願の名号（南無＝帰依《きえ》、阿弥陀＝無量《むりょう》）、本願の念仏というように、それは仏に願いによって選び取られた名であり、称えやすく、保ちやすい行《ぎょう》であり、信徒に惜しみなく与えられた仏の力である。信徒の方から、仏に願いをかけたり、何かを要求するのではない。仏から信徒に下された願いに目覚めて、素直にしたがうばかりの信仰となる。

専門の仏教語でいえば、自力《じりき》の廻向《えこう》（自分で功徳を積み、目的を遂げようとする勧め）ではなく、仏から与えられた他力《たりき》の廻向である。廻向《えこう》には往相《おうそう》と還相《げんそう》があり、仏の光に収め取られるまでが、仏の計らいによるもので、往相《おうそう》廻向といい、さらに仏の世界から思いのままに迷いの世界の人たちを救う働きを与えられるのを還相《げんそう》廻向という。浄土真宗では、この往相と還相の二つの廻向によって、完全な救済円が完成するという。

第一部　親鸞は半僧半俗の二重人格者だ

親鸞は承元《じょうげん》二年に越後国府に流罪になった際に、「自分はもはや官僧ではない。かといって還俗《げんぞく》したわけでもない」という意味で「非僧非俗＝半僧半俗」を名乗った。これは自らのありようを見事に表現したもので、充分うなずける。しかしこれまでの研究者の間では、これをそれぞれに切り離して検討を加える者はいなかった。僕はそれを「非僧＝半俗」者という単独の素顔を解釈してみた。すると、これまでの親鸞像とはまったく異なる実像が見えてきた。総体的な親鸞像ではなく、現実に生きた素の人間・親鸞像である。

第一章　勤労意欲のない探究者・親鸞

半俗の親鸞を主体的に見る

僕には、親鸞という人柄はいくらかグズっぽくて、かつねばり強いタイプ、情念的で不活発、それでいて仏道への知的探究心は骨絡《がら》みであった人と見る。知的探究においては理論的整理癖を持ち、それでいて論理性に惑わされることなく、その際にはグズっぽさが幸いして、極めて内省的、人の内腸を経巡《へめぐ》って出てくるかのごとき肉体的な発言となり、信徒をして心から納得せしめるような意見を吐くような人柄であったと思われる。

それ故に僕は七、八十冊あまりの親鸞本をむさぼり読んでみて、彼は知と情の融合者、一本の純粋な棒のごとき直線的な人というよりは、一種の「二重人格者」であっただろうと推測した。これが私の終局的な親鸞の人柄判断、人間透析《とうせき》となる——。

そのことは、以下これを導いた結論の証明、解説で明示することになるが、こういう正伝的ではない素人本においては、親鸞の編年的追跡よりも、親鸞を構成する主要テーマと推測される四つばかりのレールを追いかけて、事実暦ではなく、事実と事実をつないで、そのテーマを追いかけ分析してゆくというやり方がベターと思われたので、そのようにする。

そこで最初は親鸞の「現実生活者としての体質」であるが、現実生活についてはほとんど生活のための勤労意欲というものがないのが特徴（彼は「物益」を否定していた）で、ただ自己探究欲に押されて弾圧にも耐えて自由きままな生活を送ってきた人だと見られる。もともと勤労意欲と自己の内面探究とは矛盾するものである。その矛盾を彼は勤労意欲を抑制することにより、自己のバクとした探究心を貫いてきたのが現実ではないか。バクとしたと言っても信仰心に押されての経典論釈類《ろんしゃくるい》の研究があるから、独りでに思想整理癖というものは身についた。

親鸞の勤労意欲のなさと探究性は、すでに九歳で比叡山入りをして僧侶になったこと自体にも現れている。僧侶とは大半信徒の布施《ふせ》においてその生が可能になる商売である。したがってどうした理由で僧侶になったのかは不明であるが、そろそろ青春期を迎えている親鸞自身にとっては自分の体質には合わない商売とは見てはいなかったのではなかろうか？　むしろ自分が援助されるに打ってつけの職業だと思っていたのかもしれない。

その後比叡山《ひえいざん》入り二十年目にして法然につき学習し、時を経、七年目にして承元《じょうげん》の事件以降越後へ配流《はいる》の刑を受けたという機縁に関しては——平たく言えば、専修念仏の繁栄に対する旧仏教派の延暦寺《えんりゃくじ》、興福寺らのやっかみにあった。彼らは仏教の名において、こともあろうに俗世間の王に対しておよそ次のような九問題について判断を求めた。（一、四、七、九は略）

二、摂取不捨曼陀羅《せっしゅふしゃまんだら》という仏画を作り、弥陀の光明は専修念仏者だけを照らし、念仏以外の行者は照らさないとしたこと。三、阿弥陀仏以外の仏を拝まず、名号以外を称えず、弥陀の本願を説いた釈迦《しゃか》までも礼拝称名しないこと。五、神々を礼拝せず、礼拝するものは必ず魔界に堕ちるといっていること。六、孝養父母、奉事師長、発菩提心《ほつぼだいしん》、読誦《どくじゅ》経典、造像起塔《ぞうぞうきとう》を否定していること。八、仏教で固く禁じられている囲碁双六《すごろく》、女犯《にょぼん》、肉食《にくじき》をしても往生の妨げにならない――等計九カ条の批判を提出して処断を迫ったのである。

これでは確かに、仏教界がこぞって攻撃したのも無理ないことであった。それだけ当時の僧侶は自由革新の意気に燃えていたとも言えるが、これに関しては朝廷側も厄介な問題とばかりと見――それでも最初は法然支持者が結構いて有利であった――当初は見て見ぬふりをしていたのであるが、朝廷側も次第に仏教界の圧力に抗しきれず、その上後鳥羽《ごとば》上皇が熊野参りのために京を留守にしている間に、上皇から寵愛《ちょうあい》を受けていた女房数人が、安楽らが催した「別時念仏」の六時礼賛《らいさん》という行事に招かれて、夜を徹して念仏を行った。

しかも女房が院の御所を抜け出て、外泊したばかりか、上皇に特に目をかけられていた二人の女房が発心して髪をおろし、尼になったのである。これによって院の御所では、二人の女房が安楽、住連と密通し、彼らに言いくるめられて尼になったのだろうという噂が立った。帰洛してこの事実を知るや、上皇は怒りにふるえ、専修念仏を禁止して、法然を筆頭に数人の僧らに処断を下した。これは民衆の平等救済のエネルギーとも見たのだ。

この処断の一人として親鸞も越後の国府に流罪になったと言われるが、それは後年親鸞が著した『教行信証《きょうぎょうしんしょう》』の次のような記述によって分かるのである。

「真宗興隆の大祖源空《げんくう》（法然）法師、並びに門徒数輩、罪科を考えず、みだりがわしく（みだれたさま）死罪を坐す。あるいは僧儀を改めて姓名を賜《たも》うて、遠流《おんる》に処す、予はその一なり。しかればすでに僧に非ず俗に非ず。この故に禿《とく》の字をもって姓とす。空師（法然）ならびに弟子等、諸方の辺州に坐して、五年の居諸《きょしょ》（月日）を経《へ》たりき」とある。

これに触れてあるように法然と門弟の数人は、死罪と遠流という、流罪では一番重い刑に処され、自分もその流されたうちの一人だとし、その身分からしてこれで専門僧侶ということにはならず、さりとて通常の俗人にも非ず、非僧・非俗（半僧・半俗）の身分になった。この「半分僧侶・半分俗人」というのが、親鸞が自らを認めた位置であるが、このような矛盾した位置に置かれた親鸞が、そのままずっと死ぬまで自己が二つに引き割かれたまま生きた源である。

この際の彼の境地は、いかがのものであったろう。多分一挙に下層民衆意識に自らを貶《おとし》めただろう。ヤマを出て法然宅では専門仏教者であったものが、少なくともその専門僧侶の冠称は消えた。

自由気ままで民衆的な聖

しかし親鸞が思いがけない事件によって得た、この半僧半俗という位置は、自らの浄土真宗の性格にもつながるが、現在の言葉でいえば、どちらへも行ける自由さをも意味することで、彼は生涯人目には勝手気ままな生活様式を送れる自由人でいられることにもなった。

しかもそうした性格は、はるか以前の比叡山入りする頃からの生活様式でもあったのではないかとも推測されている。というのは、比叡山における親鸞があまりにも自由を得すぎているからである。今でもそうであるが、まして当時の比叡山の厳しい修行というのは特別なものであって、一旦ヤマ入りして正式の僧となっては、以後十二年間は例え親が危篤《きとく》といえども下山が許されず、籠山《ろうざん》したまま修行すべしとあり、計二十一年間にわたる厳しい修行が課されていたのである。それが親鸞の場合は全然異なる。

親鸞はヤマに入って後十九歳の折に、法隆寺や大阪府太子町にある聖徳太子の墓や河内磯長《しなが》の聖徳太子の廟《びょう》にお参りしている。また親鸞は二十六歳の時、よく山上と京都を往復し、その折に赤山明神で、女性から比叡山入りの話を求められたという逸話がある。また二十九歳でやはり聖徳太子が創建したとされる六角堂へ百カ日の参籠《さんろう》をし、東塔《とうとう》無動寺谷の大乗院、あるいは西塔《さいとう》の無量寿院から、夜になると抜け出し、朝方戻ったという伝承もある。その後、黒谷別所の法然の弟子となって百カ日の間一日も絶やさず、法然のもとに通っている。ヤマはとてもそんな勝手気ままが許される世界ではないのである。

そこで出てくるのが親鸞「聖《ひじり》」説である。聖《ひじり》というのは、僧侶と違って特定の寺院に属することなく、自由に民衆との交流をして布教してゆく点に特徴がある。彼らには極楽浄土を希求する念仏を勧める唱導性と各地を回遊する遊行《ゆぎょう》性がある。また民衆の生活の中に溶け込んで、その生活の向上を図ろうとする施療性、建設意識などといった世俗性も持つ。ということになれば、親鸞は妻恵信尼《えしんに》の書簡によってヤマでは「堂僧」の身分にあったとあるが、その頃からもうすでに極めて聖的な内実を持つ堂僧であったことが考えられる。

歴史上、聖の代表的な人物としては、行基《ぎょうき》と空也《くうや》がいる。行基は奈良時代の人で、各地に貧困者を救うための布施屋を設け、路傍に放置された死体を集めては供養し、墓地を開いた。また川に橋を架け、池や井戸を掘り、民衆の生活に密着した行為を始終行い、生前から「菩薩の化身《けしん》」とまで崇《あが》められていた。一方空也も、阿弥陀念仏を唱えて諸国を歩き回り、橋を架け、井戸を掘って、打ち捨てられた死者を葬送。民衆と密着した伝導に努めて、「市聖《いちひじり》」「阿弥陀聖」として大変親しまれた人である。

しかし念仏聖・親鸞は、そうした先輩聖たちのような社会事業活動というものは一切行っていない。それを恥じるでもなくひたすら穴蔵に籠もっているような生活しかしていない。

現に親鸞は終生、賀古《かこ》の教信という「聖」を理想としていたことが伺える。覚如《かくにょ》は『改邪《がいじゃ》抄《しょう》』の中で、親鸞が日頃の持言として「われはこれ賀古の教信沙弥《きょうしんしゃみ》の定《さだめ》なり」と言っていたと記録している。教信《きょうしん》は生年不明、貞観《じょうかん》八年に没している。奈良興福寺で修学したが遁世《とんせ》の念に駆られて「聖」となったと言われる。僧形《そうぎょう》はしていても妻子を持ち、播州賀古駅で荷役夫をしたり、村人に雇われて田畑を耕すという仕事をしていた。

しかし教信は仕事の間も念仏を怠らず、人々は彼のことを阿弥陀丸《あみだまる》と呼んだ。だがその死は悲惨で、貧乏のために葬送を行う金もなく、遺骸は犬や鳥が食い散らすままに放置されたという。親鸞の「聖」教信への思いは深く、「それがしが閉眼（死）せば、加茂川に入れて魚にあたうべし」とまでいって、自らの死を教信の死と同列に置きたいと願ったのである。しかし現実には京の弟の寺でのんびりあの世へ行った。したがって親鸞の教信への思いは情念と口先ばかりのものであって、その態度はひたすら己の心に向かっていた。

ところでここで記しておかねばならない大事なことがもう一つある。それは彼が法然のグループに入る二十年前以上から信仰していた聖徳太子の問題である。彼の、観音の身代わりとされて普通の仏より一段低く見られていた庶民信仰の聖徳太子への思いは並々ならぬもので、死に至る晩年まで信仰していた。彼の和讃《わさん》〔庶民語による仏礼賛詩〕は著名で各種の和讃を数多く作っているが、中でも自己の底辺部で特別信仰していた太子和讃は数多く作られ、その数二百以上もある。それはまさに浄土教に入ってからも当然続けられ、信仰の強さでは、あるいは阿弥陀仏と同等だったのではないかと推測されるほどである。

太子と親鸞とが結びついたのは、当時賤民視されていた人々の間に深く浸透していた太子信仰の性格と、天台教学の正統からはずれ低い地位に置かれていた堂僧あるいは三昧聖《さんまいひじり》の位置にある親鸞の身の上を考えれば容易なことであったろうと思われる。太子もまた菩薩道というか、やはり半僧半俗の、仏になりきらないで俗人のままでもいる位置にあった信仰対象であった。それならば、聖徳太子自らが三昧聖なみに尊崇されていたということと相通じることになる。

このことで阿弥陀仏信仰者・親鸞には、もう一つの信仰対象があったことが分かる。それは「聖《ひじり》」聖徳太子であり、彼は阿弥陀仏信仰以外は雑修《ざっしゅ》〔余計な勉強〕としながらも、その終生において二人の信仰対象があった。一つは内面的、純粋な阿弥陀仏信仰、もう一つは外面的、雑修の聖徳太子である。従来この雑修信仰の太子信仰を見逃すことによって、親鸞は大いに誤解されてきた。しかしここに「形而上信仰」対「形而下信仰」の分裂が歴然としている。

勤労も布教もしなかった

ところですでに述べたごとく親鸞は、妻の恵信尼《えしんに》の京都の末娘への手紙によって、比叡山当時の役割は「堂僧」の位置にあったことが明らかにされている。

この「堂衆」の一段上の「堂僧」であるが、彼らはどういう修行をしていたかと言うと、遺体の始末の仕事もあったとされるが、主たる仕事は一度に二時間ずつ仏の回りをぐるぐる回りながら念仏を称える念仏の係である。これは五来重〔僧侶〕のフィールド・ワークによると、美しい節のある「唱う念仏」で、「融通念仏」の前の「詠唱念仏」は比叡山常行三昧（＝念仏巡り）の念仏であった。常行三昧念仏は五楽章よりなる壮大な合唱音楽である。

そしてこれには今の交響曲のソナタ形式の、平声《ひょうじょうかんねん》緩念、平上声《ひょうじょうしょう》緩念、非緩《かんび》非急念、漸《ぜん》急念、四字転急念という、アダージョ、アンダンテ、アレグロ、スケルッツォというような曲名がちゃんとついていた。そういうものが比叡山の常行堂僧、すなわち堂僧によって歌われていたのであるが、だんだん難しくなって、やさしい曲で歌いやすく編曲されたものが融通念仏である。親鸞の頃は都会へ頼まれて出張演奏もしていたと言われる。

それで声のいい声明《しょうみょう》の得意な者が堂僧になる。だから親鸞という人は、かなり音曲に達者な人だったらしい。しかしここから彼の実生活を推理しうることが大いにある。

例えば流された親鸞の生活はどんなものだったろうかという疑問があるが、通常、この越後にいた五年間についての研究では、流罪の一年間は「延喜式《えんぎしき》」による「日米一升、塩一勺《しゃく》」が給与されるが、翌年にはもみ種が停《と》めおかれるという規定を引き合いに出して、親鸞は流されて一年後からは、自活の道を行かねばならなかったろうと推察されている。だが、配所に着いたその時点から、自ら耕作しなければ翌年の種もみは得られない。そのことを考えれば、親鸞の民衆（百姓）とのつながりは必然的なものであり、左翼的な解釈では親鸞は百姓によって大いに鍛えられ、逞しい革命的な僧侶として発展していったというごとき解釈が出てくる。

ところがそれは全然夢想の説であって、彼は越後に配流されても一つも働かなかった、自分の好きな仕事でゆうゆう暮らしていたのだという。というのはこの際にも有効な暮らしの道があったのは、ヤマ時代の堂僧で身につけた「歌う念仏」で、彼の時代にはこの念仏のできる者はだんだん少なくなり、各寺では行事の際には引っ張りだこであった。彼はその念仏アルバイトのお蔭で充分食えたはずである、というものである。

越後で生活したのも、その後赦免されてから善光寺で生活したのも、関東での初期の生活においても、みんな堂僧時代に身につけた、不断念仏の「歌う念仏」で稼いで、百姓仕事は一つもしていない。したがって彼には勤労意欲は全然なかったと見ていいのである。そして勤労意欲のない親鸞は、同時にこの頃には半僧半俗の意識からか、特別の布教もしていない。彼は恐らく京の法然時代には新進気鋭の僧侶として布教は行ったものとみられるが、その後半俗の身となってからは僧侶意識もふやけて布教活動をしていないはずである。

その証拠と言えるものが、各種の『親鸞聖人門侶交名牒《もんりょきょうみょうちょう》』〔弟子一覧表〕であって、親鸞の没後八十二年後の康永三年に作られた『交名牒《きょうみょうちょう》』によれば、この中には越後国の門弟としては「覚善」一人の名前しか記されていない。ある見方では配流中の受刑者であるから、布教活動はできなかったという説もあるが、いずれにしろ越後の親鸞は不断念仏のアルバイト仕事か読書の類の日常で、とても布教に励んだとは見えないのである。

親鸞は建暦元年に流罪赦免後、五年間の越後生活を離れて、三年後に関東に現れたことはハッキリと「恵信尼文書」に出てくるから間違いない。すると赦免になった翌年の三月頃越後を出て、善光寺へ行って、そして二年おいて、春頃に信州を出て碓井峠《うすいとうげ》を越えたとすると、上野《こうづけ》国佐貫《さぬき》に現れるまで、丸二年もしくは二年半の間どこで送っていたのか。その空白を埋めるについては、若干の資料がある。

それはこの時から二、三十年後であるけれども、延応元年七月十五日の『吾妻鏡《あずまかがみ》』の中に、善光寺に不断念仏衆があると出ている。不断念仏衆というのはむろん不断（絶えない）念仏をする人である。ここに先程の「唱う念仏」をする堂僧の話が出てくる。これを見ると、親鸞がおそらくその不断念仏衆に入ったであろうということが推定できる。比叡山の堂僧であって、念仏が堪能《たんのう》であるということは、たちまち評判になったはずである。

それから親鸞の弟子名一覧表に記されている人たちの起居したところが、如来堂もしくは太子堂と注があって、それが善光寺であったと推定される。一番弟子の真仏のいた下野《しもつけ》高田の専修寺は、もとは如来堂と言って、善光寺一光三尊の阿弥陀如来を祀《まつ》っていた。太子堂もある。善光寺信仰には、聖徳太子と善光寺如来を一組として拝むという特色がある。だからどこへ行っても、その二つが揃っていたら、それは善光寺といってよい。

その後親鸞一家は関東へ向かうのであるが、親鸞が赦免後直接京へ帰らなかったのは、その時すでに法然は逝去《せいきょ》していて、行ってもムダだという観念があったのだろうという説が説かれている。しかし僕はそれより義父の所領の飛び地が一、二町歩常陸《ひたち》の国稲田《いなだ》にあって、それを義父は提供（小作料収入）しようという話で、親鸞はその食《く》い扶持《ぶち》をアテにして稲田に向かったものだと推定される。そのように見てくると、ここでも親鸞の勤労意欲の乏しさ、すなわち勉学への誘惑の強烈さが絵に描いたように見えてくるではないか。

妻の恵信尼も聖念仏の人

さて越後生活に戻って、この地での一番大きな生活変化といえば、親鸞が土地の女、恵信尼《えしんに》と正式結婚して家族を持ったことである。親鸞の結婚については、従来から妻一人説、二人説、三人説とあるが、今では三人説は減り、一人説と二人説が争われている。これらの説に対し僕自身は後述するように、二人説をとる。つまり京都で結婚して一人子供を設け、配流の際にはその妻子を京に残すか、一緒に連れて越後入りしたものと思われる。

もし妻子同伴配流が許されていたものとすれば、京の妻は越後に入り間もなく逝去したものと考えられる。この京での親鸞の結婚は当時の坊さんの生活とすれば、画期的なものだと言われている。しかし当時の僧侶の秘密の結婚はそう珍しいことではなく、隠れた妻子持ちの僧はいくらもいた。ただ親鸞の場合は正々堂々正面切って結婚しているので、その点珍しいとされているにすぎない。それに、これまでの叙述を見ても分かる通り、親鸞の身分はヤマの時代から半僧半俗型の自由人僧侶であり、その結婚についてもそれほど厳しくない条件下にあり、肉《に》食妻帯《じきさいたい》はわりと平然と行われたものに相違ない。

で、越後での恵信尼との再婚についてはいつ、どのような出会いで行われたのかという疑問については、一切資料がなくて分からない。ただ出自については、当地の豪族三善為教《みよしためのり》の娘ではないかと推測されている。しかしこの説に対しても、当時の社会状況から考えにくいという説もある。この百年の間には、鎌倉幕府による守護・地頭の定着化と、その台頭による元弘《げんこう》の内乱、そして建武の中興から南北朝の分裂、足利幕府の成立と、日本の地図は大きく変わっているからである。ただ下人を八人も譲渡する約束を娘の覚信尼《かくしんに》に宛てた文面からすれば、かなりの身分かある程度の財産家ではなかったかと思われる。

しかし周辺推理から言えることは、彼女、恵信尼《えしんに》は天台系の山寺三千坊の信仰圏にあった女性念仏者ではなかったか、ということである。それは例えば手紙の中で比叡山を「やま」と言い表しているのを初め、六角堂と聖徳太子の関係を知っていること、「堂供養《どうくよう》」なる言葉を使い、法然を勢至《せいし》菩薩、親鸞を観音菩薩の化身だとする夢を記している。さらに親鸞が夢で見た『三部経』千部読誦《どくじゅ》の意味や善導の「自信教人信《じしんきょうにんしん》」の意味も正確に理解している。そういったニュアンス等で越後での出会いの根拠は容易に考えられる。

そして二人の越後での夫婦関係は理想的な円満型の家庭であったと見られる。その根拠は一つには京で親鸞が性欲に悩む身で百日祈願の六角堂の参籠《さんろう》を行った。その際九十五日目にして救世《ぐぜ》大菩薩の夢告として、「行者宿報《しゅくほう》にて設《たと》え女犯《にょぼん》すとも、我は玉女《たまじょ》の身となりて犯せられん。一生の間、よく荘厳《しょうごん》し、臨終引導《いんどう》して極楽に生ぜしめん」という言葉を賜った。その夢告を得て、晴々として京の某女と結婚したのではなかろうか。結婚に対するこの菩薩の夢告は、二度目の恵信尼にも残っていたと思われるからである。

そして恵信尼は京の妻の子善鸞《ぜんらん》を除いて、親鸞との間には六人の子をなした。

一方、恵信尼の方は推測の手掛かりとして、越後国から常陸稲田の草庵に向かう途中で、恵信尼は親鸞の夢を見ているのである。その夢の内容というのは、そこはある新築の寺院で、ここで彼女は二体の仏像を見た。一体の光る仏像は誰のものですか、と問うと法然の勢至《せいし》菩薩だという。もう一体の仏像はどなたでしょうと尋ねたところ、「あれは観音菩薩であり、親鸞です」という声が聞こえた。このことで恵信尼は本当に観音菩薩の生まれかわりであることを信じ、以後、生涯にわたって夫を崇拝していたのである。

そして信仰的には越後での親鸞は新しい道も得ているようである。それは息子善鸞の信仰にも関わることで、善鸞の思想的背景には妙高修験道《しゅげんどう》〔山林での山伏《やまぶし》修業〕があった。妙高山の修験というものは善光寺三尊を本尊としてもっぱら念仏を修したもので、しかも越後の親鸞は妙高山の麓においったと推定されるからである。親鸞が越後国府に幽閉されたといっても、流人の行動というものは、割と自由なものであったらしい。

すると恵信尼と結婚すれば、当時は婿入《むこいり》婚の時代で恵信尼の家に入る。それで越後へ行った次の年には結婚しているようだから、妙高山麓には四年以上おったことになる。

それで親鸞が住まいしたところが、板倉あたりとすれば、これはもう山伏がたくさん住んでいたところで、そこはまさしく妙高修験の真っ只中であった。そしてそこに住まう念仏を重んじる修験は、今でも続いて妙高山に登るのは念仏で登るのである。それで後に父子義絶となる善鸞の念仏が修験道的専修念仏とすれば、ことによると妙高修験の信仰圏で成人した恵信尼が教えたものではないか、と想像される。そこで信仰的には、親鸞も何らかの修験の影響を受けていたろうが、親鸞対母子の間には微妙なずれがあったものと推察される。

しかしそれが雑然とした庶民信仰というもので、教義的には異端的な善鸞とも恵信尼とも、一家和合して親鸞は容易に話し合いができたものと思われる。

このように信仰圏において親鸞と恵信尼の間に共通のものが介在していたとすれば、恵信尼の立場もまた一般「聖」同様極めて自由なものであったろう。そこで考えられることは、もし恵信尼が豪族の娘だとすれば、その後の関東移動にはかなり困難な制約があったと想像されるが、女性聖念仏者あるいは比丘尼《びくに》であったとすれば移住も割と容易に可能なものだったことが知れる。この恵信尼の同意があればこそ関東へ移動できたとも言える。

関東での親鸞の生活ぶり

「関東での親鸞の生活ぶり」については、資料がないので一切不明である。仕方なく研究者たちは、各々僅かばかりの資料を手掛かりにして推測判断しなければならない。

そもそも親鸞の関東行きについては、異論があって、例えば覚如が述作した『親鸞聖人伝《でん》絵《ね》』巻の下の伝えるところでは、その頃の親鸞は、「聖人、越後国より常陸国に越えて、笠間郡稲田の郷《ごう》という所に隠居《いんきょ》したまう。幽栖《ゆうせい》を占《しむ》といえども道俗跡をたづね、蓬戸《ほうこ》を閉ざすといえども貴賤《きせん》巷《ちまた》に溢る」とある。「隠遁」、この言葉については、恵信尼の文にも「親鸞は隠遁して六角堂に百日参籠し云々」とあり、また「比叡山で菩薩僧になることを断念して、隠遁した親鸞」という表現をしている著者もある。

しかしこの隠遁というあり方については、非僧非俗とは異なるとされる。隠遁はおのおのが戒律を自己との関わりにおいて捉え直す在りようである。隠遁においては、戒律を保つか破るかは人それぞれである。法然は隠遁者となって後も自戒を続けた。聖覚は戒律を破って妻帯した。しかし官僧であることが根底から捨棄されている在りようとは、戒律そのものが捨てられている事態である。破戒ではなく、無戒である。

関東行きを決意した親鸞はそのような、一面まったくの隠遁自由人として赴《おもむ》いたと考えられる。しかし多くの研究者はこのあり方をまったく信用していない。彼はひたすら普教活動に走り回り、弟子一覧表に見られるような成果を挙げたとされる。しかし僕はそうは思わない。『伝絵《でんね》』のいう通り彼は「隠遁者」を目指したものと推測する。彼は関東でも越後在と同様布教活動も何もしなかったと見る。そして勉学のみ目指していた。

関東で彼の落ちついたところの禅房の本尊は太子像であって、もと太子堂だったと言われる。そして訪れるのは自分同様の半僧半俗の聖たちだけであった。それらを相手にして談じあっていた。それでは『伝絵』にある「蓬戸《ほうと》を閉ざすといえども貴賤巷《きせんちまた》に溢る」（閉戸しても身分の高い人、低い人大勢やってきた）というのはどういうことになるのかということになるし、また「門侶交名牒《もんりょこうみょうちょう》」を挙げて「下総国《しもふさのくに》」四人、「常陸国《ひたちのくに》」十九人、「下野国《しもつけのくに》」六人、「武蔵《むさし》」一人、「越後《えちご》」一人、「奥州《おうしゅう》」七人の弟子たちがいて、さらにその弟子たちの下には孫弟子、そのほかの信徒、また帳簿に乗っていない信徒たちの多さはどう解釈することになるのかという質問になる。

それについては僕は親鸞は、この地においても優れた不断念仏の合唱隊員であって、たちまち土地の売れっ子になったし、それに何よりも彼の持っているパーソナリティというか、ある種の霊性を身体に溢《あふ》れさせていたので、向こうの方から勝手に談じあいに訪れてきたものと思われる。だから殆どの著書にある布教活動に懸命に歩き回ったという話は信じられない。彼はひたすら太子堂にこもり、余暇は読書とその整理（具体的には、恐らく越後時代からプランニングされている『教行信証《きょうぎょうしんしょう》』）に追われていたのだろうと推察される。そもそも関東へ出たのもこの稲田の地帯にはかなり書籍が豊富ということがあった。

研究者によると『教行信証』のような仕事は、どんなことをしても、書写する多大な書物をわきに置いておかなければできない仕事で、その膨大な書物に埋もれながら暮らしていた。そこで訪れる信徒も相手にしたくなくなるほどの生活をしていたのではないか。それほど親鸞は生涯畢生《ひっせい》の仕事として『教行信証』を考えていたのである。

しかしむろん関東の親鸞はまったく布教はしなかったとも考えられない。自宅の太子堂では、自己の時間を仕事の多さに費やしていたものだろうが、時間を見ては布教に出ていたであろう。その理由の一つとして法然の言葉があり、法然の「われわれは都会ばかりにはおらず、地方へ行って積極的に教義を広めよ」という言葉を知っており、その意味では関東の田舎といえども布教を無視するわけにはゆかなかっただろう。

そうした布教の対象としては、各地の伝承から類推すると、利根川、渡良瀬川、鬼怒川、那珂川《なかがわ》、久慈川などの河川の要衝地を中心とし、霞ヶ浦や湿原地帯周辺に対して行われたようだ。この地域の河川や湖、湿原地帯には親鸞伝承を持つ寺々が散在し、しかもその多くは太子堂を今日にも伝えている。そのことから、越後同様、親鸞の布教対象になったのは、主として非農耕民、非定着の人々であり、同時に聖徳太子信仰を奉じた人々であったと知られる。そうした布教の中で生まれた弟子には善性《ぜんしょう》と性信《しょうしん》という二人がいた。

この勝願寺を開基したと伝えられる善性なる人物は、北信濃一帯を拠点とする井上氏の一族であり、親鸞の関東に至る経路は、越後から長野善光寺を経て、利根川水系が広がる佐貫《さぬき》から常陸《ひたち》へと、善光寺如来と太子信仰が定着している土地を移動していった。その際に勝願寺のある磯部一帯に勢力を持っていた善性を頼ったのではないか。

性信も善性と同じく親鸞の教えに触れたもので、後に性信を開基とする報恩寺が横曽根門徒によって作られた。親鸞は当時この性信を最も信頼していたらしく、帰洛後の手紙では性信に宛てたものが六通と一番多い。それも教義に関する教えより、関東の弟子や同行たちの動静を尋ねて、それに対する性信の対処を提言してやるといった細々とした記述がもっぱらである。そして親鸞の真筆である『坂東本《ばんどうぼん》教行信証』が報恩寺に伝えられており、その点でも余程親鸞の信頼の厚かったことが伺える。この周辺も湿原地帯だった。

ここでも親鸞は「屠沽《とこ》の下類《げるい》」〔漁・猟師や行商の被差別民〕と言われる人々との交渉があったことを伺わせる。

親鸞はおよそ物益に関心なし

さて以上親鸞の社会生活ぶりを一通り眺めたところで、この項の最後に、浄土教及び親鸞の物質面、肉体面等の現実問題を検討してみよう。これらの問題についてはこの宗派は特別の疑念を抱えている。つまり「なんまんだぶ、なんまんだぶ」の他力念仏さえ称えていればそれでいいので、この社会生活の一切が解決されるような具合の思想構造になっているからである。この世には一日にスープ一杯ですますような極貧民もいれば、ガンで明日死ぬやらもしれない患者も同棲している。これらの人々に対していかに答えるのか?

このような切実な問題については第一印象として、浄土教義はまず無関心である。その理由は、親鸞の中心思想には「自己の計《はか》らい〔自我〕を捨てろ」という言葉にある。自己の計らいは社会生活においては、とどのつまり自力信仰につながる恐れがあるからだ。覚如も「祖師聖人の本願の念仏というのは現世利益《げんぜりやく》を全然排除している」としている。

だが、と言って、解説してみても、現実生には物質生活、医療生活がやはり伴う。これを一体どう考えればいいのだ、となる。そしてさすがに「信心、信心」一点張りの親鸞も困ってしまったが、一応現世利益の問題意識はあった。それが「現世利益和讃《わさん》」として唱えられている。しかしそれは十五首の全和讃が信仰的なもので、例えば、

南無阿弥陀仏ととなえれば
この世の利益きわまりない
はかない流転輪廻の罪は消えて
定命《じょうみょう》まえに若死にするようなこともない。

といったものである。この問題には、親鸞もよほど困惑させられたものとみえる。しかし彼

自身はそれに何一つ答えていなくとも、この問題解決のためのずるい手段を考えた。それは経典に挙げられている「現世利益」の答えを拾いあげたのである。というのは、入井善樹によれば現実には『経行信証』行巻には、三百五十カ所の「現世利益」が説かれているというのである。そうか、それでは親鸞は内心では、それほど関心があったのかとなる。そこから入井善樹は、勇躍《ゆやく》本物の浄土宗を明かさんと累々と解説に入っている。

彼によると冒頭から、「親鸞聖人の念仏と民衆の接点は、まず〈現世利益《げんぜりやく》〉にあると考えます。ところが、伝統的には〈現世利益〉信心に付随すると指南して接点とは見ません。わたしは〈現世利益〉から信心が生まれ、その信心から〈現生利益〉が派生すると考えるのです」という。つまり利益には二通りあり、現実的のものと人生的なものがある。大衆の直接の願である現世利益を満たした後に、人生利益へと入ってゆくのだとする。

現世利益とは、凡夫にとっては現実の問題である。生活と遊離しない念仏を目指すためには、生活苦からの救済、現世利益を軽視してはありえない。現世利益を説けば、子供の宗教教育になる。現世利益を説けば、初心者も伝道できる。ブッダもそのことを教えていて、父を殺した阿闍世王《あじゃせおう》が、悔恨のあまり発熱して、全身かさぶたの病に倒れる。この時仏教徒の医師がブッダに教えを乞うたところ、ブッダは「まず王の身を治す、その後に心に及ぶ」と説かれた。これはまず病を先行させ、次に信心を説かれたのである。

大衆にはまず現世利益一番、しかる後に現生利益へと上昇《じょうしょう》する。僧侶は仏飯を食べているから、すんなりと念仏を受け入れる。だが、一般人はそうはいかない。もしあなたが初めて念仏を説くとすると、既成の施設も信者もないところで、現世利益を説かずにまずどんなところから教えを定着させるのか。一般人には簡単なこの理屈が、僧侶には分からない。「現世利益」を説いて堕落するなら、善導〔中国の浄土論大成者〕の教学から法然上人は生まれなかっただろう。「現世利益」が凡夫を堕落させるというのは、真宗人自らの虚構ではないか?

親鸞聖人は最晩年に至るまで、天災地変などで困窮状態の民衆を哀れんで、念仏祈願しており、これは親鸞の一生通じての行為であったようである。しかし中村元《はじめ》の説であるが、インドではなぜ仏教が衰退したか、という理由に三つ挙げている。一は通過儀礼の軽視、二は豪商のスポンサーへの依存のしすぎ。三に民間信仰になりえなかった——というものである。このうち一は結婚式や葬式、三は民衆の素朴な宗教心を教団に組み込まないで、いや、むしろ低級と拒否してきたために民衆から遊離し衰微していった——とする。

したがって民間宗教の上に乗っかって、初めて真宗の念仏が存在を主張しうるというのであるが、その議論には僕は多分に疑問がある。なぜなら親鸞聖人は生涯民衆利益を祈ったと言われるが、それでは彼は念仏以外に現実にいかような利他行為を行ったのか。その歴史的事実を教えて欲しい。また浄土教は民間宗教の上に乗っかれというが、現実の民間宗教とは何を指すのか。（神道か？　しかし阿弥陀仏一路の親鸞は「紙祇不拝説」をとった）またあったとしても、それは知識人の間ではいわゆる「御利益《ごりやく》宗教」と言われるもので、決して人間的には実存的なものではありえない。

そもそも現代においては、従来「御利益宗教」と言われなかったところまで、御利益宗教化しているが、前出の入井善樹のいうように正当派宗教が一旦「御利益宗教化」したら、もう二度と元の正統派的宗教に戻れないことは目に見えている。そんな成功例がこの世界中にあるとすれば是非聞かせて欲しいものである。御利益宗教は一旦成功を得たならば、いかなる災難があろうと、絶対にあくまで御利益追及のために突っ走るであろう。

そこで考えられるのは、物益には非同一化して切り離し、人間実存軸の宗教を別に立て、両者両立の道を考えることであろう。自我外輪（使用人）、無我車軸（主人）の分離融合の宗教である。

第二章　中道保守党の位置にある社会姿勢

男女平等思想があったのか？

仏教にはもともと男女平等思想というものはない。女は修行の妨げになるからである。そもそも開祖のブッダ自身がなかった。ブッダが最初サンガ〔僧侶の居住区〕を作った時には、男ばかりの集団で女はいなかった。ところが縁戚筋の女性に何度もしつこく頼まれて断りきれずサンガに入れた。その時ブッダは「これで仏教は千年は持つはずのものが半分の寿命しかなくなった」とか言われたという話がある。

まして日本の末裔《まつえい》仏徒親鸞に男女に貴賤なしの思想があったろうか？　その疑問に対して堂々親鸞は男女平等主義者で、フェミニズムの先駆者だという専門家がいるから困る。

女性問題では親鸞二十六歳の時に、珍しい逸話が江戸時代に作られた『親鸞聖人正明伝』にある。――ある日、京都の街で祝儀を終えた親鸞は、比叡山に戻る途中、赤山神社に参った。

赤山明神は慈覚大師円仁《えんにん》が中国に渡った折、山東省登山の赤山法華《ほっけ》院の功徳に触れる。正しくは赤山禅院と呼び、天台宗の守護神が祀られ、特に方除けの神として庶民の信仰を集めていた。この由緒ある神社で、一人の美女から比叡山入りを頼まれた。

そこで親鸞は、「五障三従《ごしょうさんじゅう》のさわりのある人は入山《にゅうざん》は許されておりません。法華経にも女性は不浄な者にして、仏法の器に入らないと説かれています。そのため伝教大師（最澄《さいちょう》）もこの山を女人禁制の地としたのです」と答えて、入山を拒否した。ところが親鸞は女性から手厳しくやりこめられる。それを要約すると次のようになる。

――確かに女性は五障《しょう》〔女は梵天《ぼんてん》・帝釈《たいしゃく》・魔王《まおう》・転輪王《てんりんおう》・仏《ほとけ》になれない〕、三従《じゅう》〔幼にして親に、嫁げば夫に、老いれば子に従う〕のさわりがあるとされ、成仏できない存在となっている。しかし伝教《でんぎょう》大師もいうように、一切の衆生にはことごとく仏性があるはず。しかも鳥や獣に至るまで男女がある。真の悟りを得るに女だけを除けば、真の悟りに達することはできないのではないか。それに法華経は、女は成仏できないと説くけれど、竜女のように成仏した女性もいる。仏の大悲《だいひ》がある胎蔵界《たいぞうかい》の中にも天女がいるでしょう。

このように経文の矛盾を衝《つ》きながら迫る女に対し、この時親鸞はまったくなす術がなかった。ブッダには男女差別観はないともされている。「仏法の悟りという車には男女が乗るもの」と言われたという。だが、その後仏教教団の形成・維持から差別観が生まれ、女性はいつのまにか賤しい存在とされた。そこで大乗仏教の台頭とともに考えられたのは、女性は一度男に生まれ変わった後に、成仏できるという「変成男子《へんじょうなんし》」説である。

が、親鸞はこれを発展させて男女差別を突き抜けた。というのは、この「変成男子」の考え方自体が差別用語である。それで「高僧和讃」には「男女貴賤ことごとく、弥陀《みだ》の名号《みょうごう》称するに、行住座臥《ぎょうおうざが》も選ばれず、時処諸縁《じしょしょえん》もさわりなし〔生活にさわりはない〕」と読んでいるのである。

——ということでは、親鸞は男女平等観があったことになるが、他方、例の六角堂の話はいただけない。六角堂頂法寺。この寺は京都の庶民により支えられた歴史を持つ寺である。比叡山を下りた二十九歳の親鸞は体ぐるみ悩まされている性欲の処理祈願に、この六角堂に百日観《かん》籠《ろう》をもって参籠した。そして九十五日目の夜に肉体救済の夢告《むこく》を得た。

六角堂は、聖徳太子が大阪に四天王寺を建てるにあたり、京都に良質の木材を求めた際、如《にょ》意輪観音《いりんかんのん》を本尊として安置したことに始まるといわれる。この如意輪観音は、聖《ひじり》観音である救世《ぐぜ》観音ともいわれ、平安中期以降は、聖徳太子その人であるとされて、広く庶民の信仰を集めていたのである。この信仰には官俗二つの方向が見られ、俗的には、直接官寺の仏像・仏画を拝することができず、しかも善を積むことがない故に成仏することができないと、信仰上の差別を受けていた圧倒的多数の庶民の間に広がった信仰である。

この六角堂に足を運んで、建仁《けんにん》元年四月五日の夜、救世《ぐぜ》大菩薩の夢告があった。その夢告の内容とは、前述した「行者宿報〔前世の因によって生じた現世の果報〕にて例え女犯すとも、我は玉女の身となりて犯せられん。一生の間、よく荘厳《しょうごん》し、臨終引導《りんじゅういんどう》〔死の際に導く〕して極楽に生ぜしめん」というものである。親鸞は前記したように半僧半俗の聖《ひじり》的僧侶であり、他の俗物僧侶並にいくらも女を得ることができた身分であるが、そこは自己の良心〔戒〕に基づいて、悶々と悩んでいたのである。

それがこともあろうか、この如意輪観音と聖徳太子信仰の本場である六角堂において引き続き祈った親鸞は、「女犯」解禁の「お墨附《すみつき》」を得たとされている。このことを持って当時は不良僧侶がこそこそと肉食妻帯していたものが、いっぺんにその不安は取り消されて、日本僧侶史で初めてともいえる正式な結婚妻帯者となったのである。

しかしこれを一部のフェミニストはそれでも女性蔑視であるという。あるフェミニストは、「親鸞の求道《ぐどう》を物語る〈女犯《にょぼん》の夢告〉は、観音菩薩の化身である玉女という女性が現れ、親鸞の女犯の相手となる。男性中心主義、男根中心主義である女犯によって親鸞の性的欲望はかなえられる。そこでの問題は女犯した親鸞が、観音菩薩によって女犯が許され救われていくことである。女犯という行為を観音菩薩の〈母性〉で許し救うのである。〈行者宿報云々〉と語られるこの物語は、まさに母性的文化風土の産物である。ここに読める親鸞の母性観は、彼の女性観の貧しさであり、仏教の限界を露呈した神話的言説である」とし、遊女を「観音菩薩」とうそぶく日本の性風土の見本である——と語る。

結論として、親鸞の女性観は、平等と蔑視の二重説となっているといえよう。

親鸞の人間霊性と門弟たち

赤松俊秀によれば、親鸞が稲田郷にあって『教行信証』の著述に専念していた時、関東の世界では承久の乱で追討の宣旨《せんじ》を受けた鎌倉幕府が、逆に朝廷軍に打ち勝つという思いもかけぬ事態が出現した。頼朝の死後久しく続いた内争で気のめいっていた幕府の関係者がこの勝利ですっかり生気を取り戻し、一部は有頂天になるものさえ現れたという。

親鸞の生家は朝臣として恵まれた環境ではなかったから、朝恩（朝廷の恩）として特に取り立てていうほどの待遇は受けていなかった。親鸞自身は朝廷の決定で流罪に処せられ、はるばる関東にまで移ってきた。それであっても、百王《ひゃくおう》の治《ち》を誇りとした朝廷の権威がいとも無惨に失墜したのを関東で眼前に見ては、感慨切なるものがあったに相違ない。

因果の理を正しく観察するのは仏教の基本的な立場である。親鸞が後鳥羽上皇のとった措置を「背法違義」〔法にそむき、義に違《たが》う〕と批判したのは、仏教者として当然のことであったろう。

四不壊浄《ふえじょう》の信に徹した親鸞であってこそ、初めてこの批判を公にしえたと思う。

　しかし親鸞も時代の子である。飛ぶ鳥も落とすほどの権威を持っていた後鳥羽上皇の行動に対して、いかに隠岐島《おきしま》に流された後とはいえ、いつかは帰京してまたもとの位置につくこともありうる時に、公開を期した著書でこれを「主上臣下、法に背き義に違し、忿《いか》りを成し、怨《うら》みを結ぶ。これに因《よ》りて真宗興隆の大祖源空法師（法然）ならびに門徒数輩、罪科を考へず、みだりがはしく死罪を坐す、あるいは僧儀を改めて姓名を賜《たも》うて遠流《おんる》に処す。予はその一なり」と批判するのは相当の決断が必要であったものと見られる。

　親鸞はこのように朝廷・幕府には近づこうとはせず、悟りの道を求めつつも生きるためには心ならずも数々の罪悪も犯さなければならない在家の仏教者の側の位置に立って、彼らには真実の教行信証を信仰する喜びを説いた。その親鸞の教えに共鳴し、門弟となるものは次第に増加したが、それと同時に親鸞に対して反感を持つ者も多く、中には親鸞を迫害しようとする者もあった。『伝絵《でんね》』にある山伏弁円《べんえん》もその一人である。

　親鸞が常陸の国で教義を広めると、反対者は少なく、従う者は多かった。しかし一人の山伏の僧がいて、彼は時々仏法にうらみを持ちつつ、結局害心《がいしん》〔悪心〕を持って親鸞の様子を伺っていた。その時親鸞は板敷山という深山をいつも往復していたのであるが、彼は山でたびたび待てど、さらにその機会はない。そこで直接親鸞に逢おうと思って禅室へ行って尋ねると、親鸞は何でもなく出てきた。すると親鸞の顔を見た途端に、弁円の害心はたちまち消滅し、後悔の涙さえ流し出したではないか。と、しばらくして、弁円はありのままに日頃の鬱屈した思いを述べたのであるが、親鸞は一向驚いた様子がない。

すると山伏男は立ちどころに弓を切り、刀を捨て、頭巾を取り、柿衣《かきごろも》を改めて、仏教に期して遂に思いを達した。これは思えば不思議なことである。当時、明法房《みょうほうぼう》という名の者がいたとあるが、この明法房は弁円《べんえん》のことであると古来伝えられている。

弁円は山伏で、神仏習合の祈祷を主とするものであったことは明らかである。鬼神、魔神を礼拝しないとする親鸞の布教伝道によって、その門に集まる者が減少したことから敵意を持ったものであろう。しかし親鸞と顔を合わせてはたちまち敵意を失い、その門下に入った。この挿話は暴力による迫害をものともしない親鸞の心の逞しさを示しているとともに、親鸞という百姓面した一僧侶の、人心をとろかす光に溢れた顔相、あるいは霊性という、えも言われぬ雰囲気がただよっていた証《あかし》となる挿話であろう。

しかし弁円とは逆に最初は親鸞の門に入りながら、後に邪義《じゃぎ》〔誤義〕を信じ、親鸞から遠ざけられたものもいた。邪義のうちで最も強かったのは、源空《げんくう》門下の一念義〔たった一度の念仏〕と同じく、造悪無碍《ぞうあくむげ》〔阿陀の救いを口実に勝手に罪を作る〕の本願ぼこり〔本願を盾に悪を起こす〕を信ずる者であった。親鸞は当然これらの邪義を批判し、禁止したが、邪義を盲信する者はそれを聞かず、逆に親鸞を批判した。常陸国北郡《きたごうり》にいた善乗《ぜんじょう》はその代表的人物であった。親鸞は善乗の名を挙げ、親をののしり、自分を批判したから身近に近づけなかったと述べている。このように関東時代に親鸞に師事した門弟にはいろいろの者がいたが、一体その総数がどれほどのものかということや、門弟の身分、居住地は親鸞の在世当時の資料で明らかにすることは現在できない。前記した『校名牒《きょうみょうちょう》』では、所在不明を含めて計四十八名、そのほかに他の帳簿や史料に名の見える者二十三名あり、総計七十六名とされている。しかしその下の孫弟子や一般信徒を入れて関東には一万人はいたろうとされている。

門弟には地方の豪族もいたが、多くは田夫野人であった。親鸞自身が文章の中で門弟を評して「田舎の人々の文字の心も知らず、浅ましき愚痴極まりなき」といっている。

これを一歩進めて、歴史学者の服部之総の言によると、親鸞の立場は「領家・地頭・名主」に対立する意味の耕作民と主張するが、それは誤った見方によるもので、「下部支配層」に対立する意味合いというのはまったく異なる。それは親鸞自身が手紙に書いていて「念仏を妨げようとする人は、そこの領家、地頭、名主にありそうなことでありましょう。とやかく言うべきことではありません」と諭《さと》している。

その意味では、親鸞の政治思想というのは、現代の中道保守といった位置にあった。

修業場である道場の悪化

赤松俊秀の『親鸞』では、この頃の布教活動のやり方としての「道場」というものを詳しく解説しているので、それに見る信徒組織の実態をも明らかにしておこう。

親鸞には他の教祖と違って、宗教の新開祖になろうとか、伽藍《がらん》〔寺院〕を建てようなどという考えはまったくなかった。寺は普通の民家をただ小棟を少々高くして一般民家と区別したもので充分という考えを洩らしている。また地方の豪族のような権力によって信徒を広げようなどとは、絶対考えてはいけないと厳にいましめている。そのような親鸞のあり方を思うと、現代の浄土真宗のあり方とは、まったく異なったものである。

親鸞に親しく面接して、その口から直接教えを受けた門弟は「面受口決《めんじゅくけつ》」と言われたが、その多くはそれぞれに道場を作り、自らその主となって数十人規模の信者を集め、何々門徒と称していた。道場の規模については具体的に判明しないが、道場主も親鸞同様に肉食妻帯《にくじきさいたい》の生活を営んだ。信徒の中には耕作したりして、かたわら『末法灯明記《まっぽうとうみょうき》』にあるような末法僧の生態をそのまま現じたものもあろう。門徒も武士、名主、商人もいたに相違ないが、中でも目立っていたのは非定着民であった。中には下人（農奴）身分の者もいた。

道場主の社会的系譜は何であるにせよ、彼らは親鸞と門徒との間に立って意欲的な活動をしたと言われる。彼らが第一に努めたことは、親鸞に面接して、計り知れないほどの奥深い「信心為本」〔信心を基とする〕の教義を理解し、自己と同時に門徒らの信を高めることにあった。しかし『教行信証』を読み、それによって親鸞の教義を理解できた者は門弟のほんの一部の者に限られていた。前述のように、何しろ中世期、農民の識字率は非常に低かったからである。しかし親鸞のこのような努力に援助されて、道場主の宗教活動はさらに活発になった。それは喜ぶべきことであったが、それと同時に教団の前途にとって早くも暗い影が現れてきた。

それは主として門徒の争奪合戦が生じてきたからである。

道場主が自分の道場の発展を願うあまり、専修念仏〔弥陀《みだ》の一心念仏〕を信じない者を引き入れるばかりか、同門の他の道場の門徒をも自己の道場に吸収しようとして、醜い争いを始めたのである。それは道場主の勢力を現すだけでなく、門弟から献ぜられる志納《しのう》〔布施〕が道場主にとって大問題だったからである。彼らは「搾取」の論理を生み出した。

親鸞はこのようなありさまを深く心配し、反省して、自分について法を聞こうとする門弟たちを弟子と呼ぶのは避け、同朋《どうぼう》、同行《どうぎょう》といった。この同朋《どうぼう》という組織には、現代から見てある種の感銘を受ける。この名称は今日の「自由連合」と同じ意であり、個と全との双方を含む見事な組織を意味する表現である。しかし門徒の多くはその言葉を理解しなかった。

道場主の中には自分を離れて他の道場主につく門徒には体刑を科し、冬は冷水をかけ、夏には灸をすえるなどの暴行をし、与えた聖教を暴力で取り返すものも多かった。この弟子争奪戦を見た親鸞は、自分の計らいで弟子を設けたのならそれで宜しいが、弥陀の催《もよお》しから念仏に入っている者を弟子とは言えない、と弟子の存在を拒否した。親鸞は「弟子一人持たず候」という。この見解についても半僧から見れば共感せざるをえない。

弟子に対する考えが親鸞と有力道場主と食い違ったことが、その後の教団の発展に大きく影響した。門弟を集めることに努力する有力な門弟らの考え方は、親鸞の思いとは同一でなかったのである。例え親鸞は無教会主義とも言える考え方であったとしても、道場主らは道場を大きくしたい、華麗にしたいと焦っているのに対し、親鸞は反対であった。

それにしても有力門徒らの道場経営が親鸞の理想としていることとは反対の方向に発展を見せ始め、宗教と倫理の関係について極端な主張をする門弟が現れたことは、あるいは関東に永住する決意で越後国から移ってきたかもしれない親鸞に別のことを考えさせる遠因になったようである。親鸞が念願したのは、弥陀の本願を信ずることで救済の喜びを得たものが、報恩の行として念仏に勤《いそ》しむ倫理実践の励ましを得ることであったから。

例えば行商人であれば、入信以前はどのような利益を追求していても、弥陀の本願を信じ、救済を感謝する念仏を称《とな》える身になった上は、利益の追求は一般に正当とされる是認の範囲で行うべきである、となる。事実親鸞の教団ではこれが強く要求された。不正利益追求を禁止したばかりか、好ましくない営業に従事するのを禁止することも申し合わされた。浄興寺《じょうこうじ》の「善性二十一カ条」禁制では人身・牛馬の売買まで禁止されている。

このように真宗では禁制を掲げて、商人の利潤追求に厳しい制限を加え、門徒の風紀についても自粛を要望したが、その効果はすぐには現れなかった。善乗《ぜんじょう》のような造悪無碍《ぞうあくむげ》の邪義《じゃぎ》〔よこしまな議論〕を主張する者は、依然後を断たなかった。門弟たちが戒行《かいぎょう》〔戒律〕・善行《ぜんこう》〔得善〕の価値を否認し、諸神・諸仏を軽侮する。それだけでも社会的には大問題である。

しかし道場に集まる門徒の数が増加するにつれて、門徒の風紀が悪化し、相互間の非難・中傷・争いが激しくなるばかりか、仏前で魚食酒宴をしたり、男女が人目もはばからずに行為するという事態まで発生した。このような倫理無視が道場内で公然と行われて、それが社会の問題にならないということはあり得ない。事実、鎌倉幕府は、文暦二年（一二三五）に禁令を発して、念仏者を取り締まることを明らかにした。道心堅固《どうしんけんご》の念仏者は問題にしないが、肉食《にくじき》、色欲《しきよく》を招く念仏者は、鎌倉から追放、住家も破却するとした。

関東を離れて帰洛する

「しかしそれが庶民信仰というものでして、教義的に異端的な善鸞とも恵信尼とも、親鸞は合ってたと思うんですよ。まあ善光寺在住の頃は新婚時代で、子供二人ぐらいの時代ですからね。すべて調子よく。常陸へ行ってから十八年の生活の間に、親鸞の方が思想的に純粋化したといえば純粋化したんですけど、一面からすれば関東の民衆から遊離していったんですね」。

これは佐藤正英と五来重との対談における五来側の発言であるが、これを読んで、親鸞帰洛の問題をいろいろ考えていた僕はハッとさせられた。

帰洛原因については、どの本でも本願ぼこりの信徒と体制側の弾圧問題としか書かれていないものが、実は親鸞自身にも問題があったんだな、という意識のめざめである。それは親鸞自らの人間改造すべき問題でもありえた。そしてそのことはあるいは親鸞自身も自己の宿命的なものとうすうす感じていたのではあるまいか……？　それでも帰洛以後においては、布教への対処法については、手紙で注意深く伝えていた。

関東衆生の罪については、建長七年、概略次のような内容の文章が送られている。

「つぎに念仏をなさる人々が、阿弥陀如来を信じられているのは結構なことです。しかし悪い者のためだといって、ことさら悪事を心に思い、身にも現し、口にもすべきではないことは浄土宗では当然のことです。人間はこのような悪人なのだから、悪事を好んで行うのは決してなりません。出会い難い阿弥陀如来に幸いにも出会って、その仏恩《ぶつおん》に報いようと思うのが本当なのに、念仏をやめるのは真にうなづけないことです。嘆《なげ》かわしいことです。とんでもない御心得で、ありえないことまで言われています。念仏者が道理に外れたことを言われるならば、その人一人だけが地獄にも落ち、天魔ともなるでしょう。すべての念仏者の罪になるとは思いません。よくよくご思案ください」

そして彼らを「獅子身中の虫」とも蔑《さげす》んでいる。しかしそれでも領家・地頭・名主の支配者は、農民の内面の信仰までは妨害できないはずだ、と理解を示した表現もしている。

しかし支配者が農民の信仰弾圧に踏み切るには、直接の口実が必要であった。その口実を提供したのが、念仏者の一部に見られた造悪無碍の連中の言動であった。彼らは道場を中心に諸神仏を否定し、弥陀に救われると旧来の風習をそしる。そのため支配者は念仏の発展による旧政治・旧宗教の否定と従来の組織をもたなかった衆生が、組織的になりつつあることに危惧を感じ始めたのである。念仏者は阿弥陀仏の前には、天神《てんじん》・地祇《ちぎ》も敬服し、魔界・外道も邪魔できないと教えられていた。（これが事実上一神教真宗の恐ろしさである）これでは力による念仏弾圧は時間の問題であった。

そして念仏の弾圧は関東の村々だけではなく、京都でも止むことがなかった。彼が越後を去ったのも事実上は弾圧によるものではないかとされている。親鸞の「積極果敢(?)な布教の姿勢に魅せられた恵信尼は同様に活躍し、天台信仰圏の山寺三千坊周辺にいられなくなった。親鸞自身も一念義のようなラジカルな念仏信仰を布教したため越後にいられなくなった」（武田鏡村）という。つまり親鸞は京の弾圧についで、第二の法難を越後で受けて去り、今は第三回目の鎌倉幕府の弾圧を受ける寸前にあった。

親鸞が関東にいる間も専修念仏は、放置されていたわけではない。間欠的《かんけつ》に停止や禁止の命令が時の権力から出されていた。その主なものを挙げると、以下のようになる。

一、親鸞四十五歳、建保五年。法然門弟の空阿が専修念仏を称えるが、延暦寺衆徒の蜂起を知り、念仏者たちは逃散する。

二、親鸞五十歳、承久四年。専修念仏禁止。

三、親鸞五十二歳、元仁元年。専修念仏禁止。この年、覚信尼誕生。

四、親鸞五十五歳、安貞元年。延暦寺衆徒、法然の墓を破壊する。専修念仏を停止して、隆《りゅう》寛《かん》、幸西《こうさい》、空阿《くうあ》らを遠流に処する。

五、親鸞六十三歳、嘉禎元年。鎌倉幕府、専修念仏を禁止する。

朝廷の禁止令の影響は畿内《きない》周辺に止まっていたが、鎌倉幕府の禁止令は、彼のいた常陸周辺にも影響したのであろう。この歴史的事実において、「悪人救済」とは、現実には却って悪人を増産流出させるものであることが知られよう。「悪人正機説」の必然的結果である。と同時に肝心の救済主たる阿弥陀仏の犯罪的責任も問われねばならない。

かくて親鸞は、関東を去らざるを得なくなった。それは嘉禎元年（一二三五年）六十三歳の時である。

ところが冒頭にも挙げるように、この信徒を放り投げての逃走とも見える、親鸞の帰洛は親鸞自身の問題でもあったというのである。この五来重の意見について佐藤正英は、

「なるほど、その意味ではもともと〔親鸞が〕遊離していた部分が一層遊離していったんじゃないかと思います。『教行信証』を一所懸命書いて、教典論釈ばっかり相手にしていたんじゃないか。先生が指摘しておられるように、民衆に接したといっても、善光寺聖のような念仏者とだけ接していたので、それよりももっと下の普通の人々とはほとんど接触がなかったと考えるべきなんじゃないか」と応答し、更に五来は「そうなんです。私は、稲田の草庵は念仏聖を集めた私塾のようなもので、直接民衆に説法するところではなかったと思うのです。だから〔親鸞は〕何も知らないわけです」とその抽象的な人間像を批判している。

このやりとりは親鸞の見方に対して重要な問題を提起している。僕にも充分納得できる。親鸞の信仰体質と主著の執筆に熱中している親鸞像を思い起こせば、合理的な判断である。

護国思想はあったのか?

親鸞の去った東国《とうごく》〔関東〕は、賢善精進《けんぜんしょうじん》〔善を重要視する者〕の念仏者、本願ぼこりの念仏者、

それに正しい念仏者の三者がそれぞれの道を歩み、それぞれの地盤の拡大に努めることになった。しかし、その後十年以上も経て、このような動きと並んで地頭・名主などの在地領主の念仏弾圧が、正しい念仏者にも向けられていった。その状況に拍車をかけたのが、こともあろうに親鸞が東国へ調停役として派遣したわが子慈信房善鸞《じしんぼうぜんらん》であることは当初は知る由もなかった。

善鸞による（本当は）正しい念仏者に対する鎌倉幕府への訴訟さえ成功すれば、鎌倉権力の力を借りて、彼らを東国の地から一掃することができると期待された。そして親鸞自身も一時は善鸞を信じて、正念仏者たる東国の入信・真浄・法信・真仏・性信など、彼らこそ本願ぼこりの輩と思い込まされていたのであった。このような東国での念仏の危機にあたって、親鸞は念仏者のとるべき態度を要約次のような手紙で書き綴っている。

「まずよろずの仏・菩薩を念仏者が軽んじ、神祇《じんぎ》・冥道《めいどう》〔死者の道〕を軽蔑してはいけない。弥陀の本願を信ずる人をば、神々はいつも護ってくださるのだから、神々を敵視することは決してあってはならないことだ。念仏を禁止しようとする在所在所の領家・地頭・名主の行動はよくよく理由のあることである。念仏者はかの妨害の人々を、憎まず、むしろ憐れみをかけて念仏の妨害者を助けなさい。弥陀の本願は煩悩具足《ぼんのうぐそく》〔我欲〕の人のために立てられたと信じるならば、悪人のためだといって、わざと間違ったことをしてはならない。そのために弾圧の口実を引き出すことが決してあってはならない」

ここでは親鸞は領家・地頭・名主に対応しては肯定的に対応している。彼らのためにむしろ「念仏を捧げろ」とまで言い切っている。建長七年九月頃の段階では、関東の念仏者は「自信教人信」〔まず自身が信じて人を導く〕の原則を貫けると思っていたのである。親鸞はその当時の念仏禁止問題をそのように甘く考えていたのである。この間にも関東の情勢はますます悲観的な方向に進んでいった。しかも念仏禁止の動きの背後には、わが子善鸞があることを知ったのは、翌年の建長八年五月も末の頃であった。その実情を知った上での親鸞の信徒に対する態度は、要約次のような手紙によって知らされる。

「念仏を禁圧されるなどということが起こるのは、関東という地が念仏の広まるという縁がつきたのである。こうなったのならば、あれこれ嘆くことはない。弾圧に負けて、弾圧する人々と妥協して、広めようなどとすることは決してあってはならないことだ。ともかく仏天のお計らいに任せるべきである。在所が念仏拡大に縁がつきたならば、どこか念仏を広めることができる地へ移るようにしなさい。鎌倉で善鸞が起こした訴訟のために病に倒れている入信坊は気の毒に思う。だが、私にはどうすることもできない。善鸞ごときの言で動揺するのは、まだ皆さんの信心が本物ではない証拠だ。それはむしろ皆さんにとっては薬になって、よいことである。善鸞の言は決して私の言ではない」

右の康元二年と推定される手紙によれば、関東はその地に居られないほどの段階に追い詰められていたことが伺える。約一年前の弾圧者のために念仏を捧げるという態度は一変し、「どこへでも念仏のできるところへ移ることを考えよ」という意見にまで変わる。「住み慣れた土地も、家も捨てて、本願を護れる地に去れ」と言っている。

これが鎌倉での念仏禁止の裁判の進行、その判決への暗い見通し、弾圧の強化という時期における親鸞の態度であった。これを念仏禁止の裏幕（善鸞）に気付かず、事態を楽観していた建長七（一二五五）年頃の態度と比べる時、その間に進展した親鸞の在地領主に対する態度の変化に驚かされるのである。これは親鸞にとっては、ひたすら信心と布教だけがすべてであり、信心の安泰あってこそ王法をも祈り、護国思想もあったという証《あかし》である。

そこにわれわれは親鸞の護国思想の意義と限界を知ることができる。本願放棄の瀬戸際まで追い詰められた念仏者に対して、「地頭・名主への積極的な反抗によって信心を護れ」などとは決して言えなかったのである。

親鸞のこのような立場は、必ずしも康元二（一二五七）年正月の念仏全面禁止の場合だけに限られた態度ではなかった。親鸞は、彼の信仰の根本的立場が否定されれば、いつでも、またいかなる人々に対しても、限りない憤りを示すと同時に、自己保全の退却戦略を立てて限られた地区に引き込むことであった。親鸞にとっては、弾圧を受けた際の反応として、限りない憤りと撤退とは同時進行形をとっていたのである。

かつて親鸞が文暦二（一二三五）年、関東の地を布教の縁の尽きた地として去ることを余儀なくされた時も同様であった。この時も念仏布教の方便としての護国思想はまったくかげをひそめ、同時に念仏禁止の支配者に対し、「今の時の道俗己が分を思量せよ」という激しい憤りと批判の言葉が生まれた。それと共に文暦二年から二十八年前の承元《じょうげん》元（一二〇七）年、師法然と共に受けた念仏の禁圧と配流の体験がある。ここでも王法に対して心底からの激しい批判を書しながら、当局の判定にはちゃんとしたがっている。

このように見てくると次の項でも見るように、親鸞は心理的には憤りと退却が同時に存在し、且つ分裂している人と見ざるを得ない。その意味では僕は親鸞の社会的姿勢を現代政治風に評価すれば、決してマルキストの林田茂雄や寺尾五郎のいうような社会革命家ではなくして、中道保守の陣営の人であったとするのが妥当であると考える。

天皇護持・非護持二重説

さて前項では、親鸞の護国思想をたどっての解説であったが、この項においてはもっと直《ちょく》截《せつ》的に国家のトップである、天皇自身についてはどう考えていたのかを思慮してみよう。親鸞と天皇周辺については、やはり極少数の限られた資料しかないが、彼の京都における越後国府配流や鎌倉幕府と関東民の訴訟の範囲では、若干登場する。

時は建暦元（一二一一）年十一月十七日、親鸞に赦免《しゃめん》が下った。赦免に際しては、中納言・岡崎範光《のりみつ》がわざわざ京から越後国府まで、その赦免状を持って下向《げこう》してきた。

少し横道に逸れるが、この赦免の勅使としてやってきた中納言・岡崎範光であるが、この名前は覚如の『親鸞伝絵』や弟子たちがまとめた『親鸞聖人血脈文集』にも見える。そして『親鸞伝絵』『親鸞聖人血脈文集』の岡崎範光に関する記述には、信仰依本《えほん》〔信仰を元とする〕の親鸞にとっては大きな問題が記述されている。まず『親鸞伝絵』では、

「岡崎中納言範光卿をもって勅免、この時聖人右のごとく、禿の字を書きて奏聞し給うに、陛下叡感《えいかん》を下し、侍臣《じしん》おおいに褒美《ほうび》す」とある。

つまり勅免《ちょくめん》にあたって、その非を悔いて非僧非俗の立場を明らかにするために、「禿《とく》」の字を名乗ることを朝廷に奏聞《そうもん》したところ、天皇や諸卿はみな感心したというのである。一方『親鸞聖人血脈文集』では、赦免に先立って親鸞は朝廷に「勅免の願い状」を提出している。そして流罪時につけられた藤井姓を「愚禿《ぐとく》」と改名して奏聞し、諸卿は親鸞を褒め讃えたとしている。長髪である者が、禿と称したことに真の後悔を汲んだものか？

しかし何れの記述も、現代の諸著書においては、親鸞が「愚禿」と名乗ったのは、親鸞自身が社会的な自覚や姿勢を明らかにしたというよりは、赦免を求めるために標榜したとしている。

つまり親鸞が赦免を得るために一方的に膝を屈したとすることで、親鸞及び浄土真宗教団は、天皇や権力に何ら対立するものではないことを強調したのである。

ということは、親鸞も専修念仏者を弾圧し、自分と法然らを流罪に処した体制を容認したのだろうか？　越後以降の親鸞の足跡や行実、そして次の『教行信証』の一文からは、およそ体制に屈したとは想像できない。同書には次のような書き込みがある。

「主上臣下《しゅじょうしんか》、法に背き義に違し、忿《いか》りを成し怨《うら》みを結ぶ」承元の配流には、天皇も臣下も仏法にそむき、義に反して怒りを発し、怨みを結んだ。この場合には、真正面から権力に激しく対し、するどい批判を浴びせかけているのである。こうまで明快な天皇批判・権力批判は、日本仏教史上誰一人よう成しえなかったことである。何れ公刊されては人の目にも入るものを、よくもここまで言い切ったものよ――という感じである。

その視座は、親鸞自身も含めた無辜《むこ》の民が、権力の恣意によって翻弄されることへの本質的な批判であることを忘れてはならない。ところがその後、覚如や門弟たちは、親鸞が批判するところの本質を見失って、権力への迎合の道を辿る。それを示す顕著な例は、第二次大戦中浄土真宗教団では、『教行信証』を読む時、「主上臣下」以下の部分を飛ばして読んだという。この事実一つからも親鸞思想の本質と本願寺との乖離は明白である。

とすれば、朝廷への腰をかがめての赦免願い、伝承の雪の一宿伝説〔勅使に一刻も早く面談したいと雪夜急いだが、途中一宿を頼んで断わられ、軒先で一夜を明かした件〕はどうなるのか？

それは本来天皇側、反天皇側どちらか一論に統一すべき問題である。しかしこの相矛盾したものを統一理解することは極めて難しい。そこでこれまでも研究者の間でも問題にされてきたのであるが、天皇に関してはこれよりもっと難解とされてきた文章がある。

それは関東の幕府による弾圧問題で勝利した性信《しょうしん》側の方に対し、喜んだ親鸞の方から出された手紙の中に「朝家の御ため国民のために念仏もうしあわせたまいそうらわば」とあるからである。なぜに「朝家の御ために？」ということになった。これで研究者もいっぺんに静まった感があるほどの大きな問題である。ことに困ったのは僧侶ばかりではなく、左翼的、民衆的気分を抱く、インテリの諸公たちの心中の大問題であった。

したがってこれら親鸞の矛盾する態度に対していろんな調停の文書が現れた。例えば最近のものでは佐藤正英は、これらの行文（主上臣下云々）は確かに厳しとし、「しかし通説の説くような怒りや怨みあいは悲憤といった個人的感情に彩られているところのきびしさではない。出来事を末法の世の事象と把握し、末法の世の事象を見すえる親鸞の冥《くら》い眼差《まなざし》に由来するきびしさである」といったり、また「天皇が再び承元の配流のようなことはなさらないよう朝家のために祈ろう」という意味であるなんぞという解釈が出てきたのである。

しかしこれは、折衷案を求めること自体が無理である。承元の処置への文を読めばどんなことをしたっておさまらない親鸞の大いなる憤りがまざまざと伝わってくる。またそもそも原文の「朝家の御ため」は左訓《さくん》〔左側余白にルビを振ること〕して「オオヤケノタメ」とあるので、みんな現代語訳は「おおやけのため」となっており、果して朝家が朝廷を意味するのかどうかもよくわからないのだが、僕自身は明らかに朝家は朝廷を意味すると解釈する。

つまりここでも親鸞は分裂しているのである。片方ではカッとなって天皇に心底から激昂し、他方では腰を低めて穏健で従順な姿勢を見せている。その両方が本当の親鸞の素顔であったということで、すんなり解決がつくのではないか。つまり僕のいう「親鸞二重人格説」はここでも、ちゃんとした形で証明されていると思う。

第三章　苦悩者救済が親鸞の真意であった

善悪は神への志向の促し

人間とは複雑なものである。神秘といえば無限に神秘性を有するのが人間である。何しろ人間は、地球に海洋が形成されて単細胞の芽が生まれ、最初に魚類が誕生し、次には両棲類、哺乳類と進化してきて、生物の進化の中では最後に登場してきたのが人間であるから。現実に生きている人間というのは、その地球史のすべてを抱え込んで生きているものなのである。その過程を一身に背負っているから複雑怪奇な存在だ。

しかし人間分解においては、ことにその精神界の分解においては、近年ほんの僅かずつでもその仕組みが分かり初めている。その一端がこんな書にも現れているのだが、僕は、「人間は本来未熟な神」、つまり常識的には「性善説」が基本であるように思われる。しかしそれは厳密に言えば間違っているので、正しくは「人間性善悪説」と言われるべきなのである。つまり人間は善か悪かの一方に偏して存在するものではなくて、善悪両者によって存在する。つまり全体的ではあるが、その第一は善という意味だ。

なぜそうなるかというと善悪においては、善は明瞭であるが、悪は不明であるからだ。善には限られた答えが出てくるが、悪には明瞭な答えは出てこない。それはあたかも数学の答えのようなものであって、正解はハッキリしている。しかし誤解は無数に存在するようなものだから、したがって善は割に容易に説明できるが、悪は簡単には説明できない。したがって善悪の問題においては、もし悪を定義するとすれば、善を侵すものとなる。

しかし人間は何故にそれほど、善を侵したがるのかというならば、よくよく尋ねてみれば、それには大体三つの要因が挙げられよう。

一は「人間性善悪説」に見られるように、悪というものはしっかりと人間に根づいていて、根源的で実存的な存在であるからである。二は考えてみれば、悪は一方からみればそれは「自由」を意味するからである。人間は「自由」でありたいというのが、根源的欲望とも言える。しかし並の自由では仲々満足できない奴がいる。もっともっと自由が欲しいとなる。そうなるといわゆる善を侵すことにおいて、悪はより自由を感じる。三はよくも悪くもわれわれが生きている現実が存在だからである。いかに環境が悪くともこの「現実」を生きざるを得ない。とすると、そこには善を侵す生もたくさん潜んでいる。

したがって悪というものは仲々消えてゆかないものである。悪にはそれほど人間にとって大きな魅力がある。したがってどんな理想社会を形成しようが、悪人が存在しないという社会を作ることはまず困難、且つ大変難しいということになる。

これはあくまで人間的事実の問題であるが、歴史的悪の現実となると、もっと難しい問題となる。なぜなら歴史的、社会的悪というのは、本来アノニムス（無名）のものだからである。ある犯罪的なシステムがあるとする。そのシステムにはいろんな人間が関わり合っていて、特定の誰が悪いとは指摘しにくい。悪の体制などと言われる独裁者国家があったりするが、それを支えているのは応諾した虚弱な国民各自の人間性に問題があるともいえる。

悪は本来能動的で、行動的な産物とされるが、確かに一面ではそのようにいえる。殺しなんぞはその典型的なものであろう。しかし反対に受動的、非行動的な犯罪（悪）というものもありうる。例えば日本の大戦中の状況を考えて見ればよく分かる。あれは軍部の一方的な支配によるものであるとは言われるが、それにしたがう民衆がいてこそ初めて成り立った現象ではないか。その意味では大戦の責任は一般民衆にもあり、一般民衆もまた戦犯の一部を構成しているとみなければならない。民衆もまた悪人であった。

そのような歴史的、社会的悪においては、悪を侵しているのは誰であるかハッキリしないので、言ってみれば全員が犯罪者即悪人ということになる。人間存在そのものが悪なのである。

したがって悪い体制を変革するには、社会体制のみを変革してもダメなのである。本来社会というものは目に見えては存在しないもので、あるのは人間の個々の集団存在だけ。したがってこの世の中の変革は、体制機構だけではなく、まず人間内容を変えなければならない。

では、世の中、善人だけのものになればよいのか。それは無理だ。善と悪は対《つい》になっていて、もし悪が落ちれば、善もまた落ちる。善人ばかりというわけにはゆかないのだ。したがって人間社会であるかぎり、悪のない社会はやってこないということになる。

そこで高度の次元の宗教においては、善悪の超越ということをいう。悪がない代わりにしばしば拘束のようにも見える善もまたなくなる。道徳と見えるもの自体が没落してしまう。そこで残る人間はどんな人間かといえば、一口でいえば悟りを開いた人間であれば、善悪は問題にならないということだ。悟りを開いて自ら神になる。そのような人間には善悪は必要ない。

そこで宗教が生まれる。宗教的習練の中で神に至らんとする。しかしそれもまた非常に難しい。しかし現にメディテイション（瞑想訓練）の結果、悟りを開いている人もいる。同じ人間ならば、「では俺だって悟りを開いて神になろう」と考える奴が出てきても一向に不思議ではないではないか。少なくとも、そうした志向の中で社会は少しずつでも変革されてゆく。悪と対決することで、人間は牛歩の歩みでも次第に神に近づいてゆく。石炭は何万年かかけて、やがてダイヤモンドと化す。そのように未来を期待しよう。

「二段底の悪」を抱える親鸞

親鸞における悪の問題となれば、「善人は救われる、まして悪人においてをや」という有名なパラドキシカルな言説が掲げられている『嘆異抄』の文がある。それは端に『嘆異抄』の一部分の説というだけでなく、『嘆異抄』そのものの本質的な問題とされるほどに評価されている。それほど親鸞（浄土教）は悪の問題については敏感であった。

しかし僕は親鸞がそれほどに悪に神経質であったのは、彼自身にそれを思い起こさせる特別の心理的気候があって、それを僕は親鸞自身の「二段底の悪」と呼びたい。というのは、親鸞は生涯胸のうちでは、アウトローとしての悩みに悩まされていたのである。それは端に「愚禿悲嘆述懐」の和讃を見ても分かるように、表面の述懐は実は、その二段底の実存的部分に本物の悪を抱えていて、現象悪を刻々と排出する源泉悪があったと見ざるを得ない。

誰も上辺は善人らしく　精進ぶりは見せるが、実は
貪《むさぼ》り怒《いか》り偽《いつわ》り多く　身内に　詐《あざむき》がみちている。

悪性がどうにもならず　心は蛇や蝎《さそり》のように

修善も毒がまじるので　所詮は虚仮《こけ》の行となる。

このように親鸞は自己悪を書いても書いても、わき出してくる源泉悪というものを自覚しないわけにはゆかなかった。

その例証は同じく『嘆異抄』に見られる文章にある。この抄十三に作者の唯円と交わした会話が記録されている。それはまさしく悪に関するテーマで、ある時親鸞は唯円に聞いた。「唯円坊よ。そなたは親鸞の言うことを信じるか」と。むろんそれに答えて唯円は、「左様でございます」と答えた。すると続けて親鸞は「それでは親鸞の言うことには違背しないか」と重ねて問うた。それで唯円は謹んでお受けした。すると、

「それでは人を千人殺してみないか。しからば必ず浄土へ往生できるぞ」と、とんでもないことを言われたので、唯円は、「折角の聖人の仰せでは御座りまするが、この私の器量では、千人はおろか一人も殺せるとは思いも寄りませぬ」と返答した。すると親鸞は「それでは、どうして親鸞の言いつけに違背致しませんなどと言うのか」と決めつけたことがある。そして親鸞は言葉を続けて、次のように解説して言ったという。

「それでこそ思い知らねばならぬ。どんなことも思う存分にできるものならば、浄土へ往生するために千人の人を殺せと言われたら、その通り千人を殺し得るかもしれない。けれども一

人でも殺せる業縁《ごうえん》がないときには殺せないものなのである。殺さないからといっても、それは自分の心が善いから殺さないのでないのだ。またその反対に、殺すまいと思っていても百人も千人も殺すことがあるかもしれない」と。

この親鸞の近代的個人的犯罪観とは異なった仏教的「業縁《ごうえん》〔宿縁《しゅくえん》〕説」は、他にもあって、常陸の夏、十七、八の青年武者、三浦義重は土地の豪族の出で、父の命令で武道が強くなるよう、鹿島明神へ願をかけに行った帰りであった。その時、桜川の川べりに佇《たたず》んで悩んでいる親鸞と出会い、青年は「それでは」と親鸞を背負って川を渡り切った。ところがその青年は何かしら虚《うつ》ろな感じでいるので、理由を聞いてみた。すると青年は、「武道が強くなったって、結局は人殺しのためではないか？」と悩んでいるというのである。

そこで親鸞がたまたま接したこの青年に、唯円に話したのとほぼそっくりの話をして、慰めてやっているのである。その話に義重は感動し、初めて心が開け、早速親鸞の弟子となり、「善念《ぜんねん》」と名乗ったという。だから親鸞は、この悪の業縁因縁《ごうえんいんねん》説には、余程こだわっていたものと見なければならない。とすると、と僕の頭はひらめく。

善悪というものは個人の心の善悪ではなく、人間の歴史的業縁に寄るものであるとすれば、親鸞自身だって、いかに聖人と見なされる己であろうと、一度業縁に恵まれれば人の一人や二人は殺せる身であることの証明である。そのことの自覚は親鸞自身にもよく承知されていたものと推測される。「俺だっていざとなれば人殺しでも何でもやる身であるぞ」という言葉は、心の中で絶えずつぶやいていた深い悪の自覚であったろう。

そのことで、ここでも親鸞は自己の「二重人格性」をよくよく見つめていたに相違ないのである。「私という人間の核心は本物の悪人である」という切実な自己判断である。その意味では、僕は「親鸞極悪人説」をとる。生身の親鸞は表面の温厚さにも似ず時々カッとなる人格の持ち主である。それは天皇による配流の時の言もそうであり、次の項でみる息子の善鸞義絶の問題にしてもそうである。恵信尼との関係でも同じだったと思う。

そもそも信仰者というものは頑固の固まりである。その信仰自体が、彼のもともとの性格である。良く見ればねばり強さ、悪く取れば頑固さの上に乗っかってきたものが信仰であった。故に悪業縁説を説く親鸞自身が、仏教的劫の単位での業縁の鎖につながれた悪の人であった。その頑固な悪との闘い、それが親鸞生涯の戦争であったと見られる。

したがって「悪人成仏のため」の宣言も、ほかならぬこの私自身の成仏が真の意である。表面は紳士善としている一匹の獅子。獅子は生肉を欲する——親鸞不信。

『嘆異抄』における「悪」の検討

『嘆異抄』の「善人なをもて往生をとぐ、いはんや悪人をや」とは、善人ですら浄土に生まれることができる、まして悪人が往生できぬはずはない、という意味である。一般的にはこれは法然の浄土教の神髄を現しているとされているが、実は浄土教の伝統的な考え方であって、根本意は罪悪深重の悪人も、法蔵菩薩の誓いである第十八願を受けて、他力念仏を称えればみな救われるという考え方である。

十八願というのは、例の「例え私は仏となろうとも……」という法蔵の誓約であって、この意にしたがって中国の道綽《どうしゃく》がその経意を判じて「もし衆生ありて、例え一生悪をつくした云々」といい、善導がやはり「一切善悪の凡夫《ぼんぷ》生を得る者は、みな阿弥陀仏の大願業力《たいがんごうりき》に増上縁《ぞうじょうえん》とならざることはなし」〔阿弥陀仏の本願は往生するための強い力とならざることはない〕といい、これを受けた法然が「極悪最下の人のために、しかも極善最上の法を説く」と言ったのだ。

したがって悪人往生《おうじょう》成仏説は親鸞の独創唱ではなくて、すでにその意図は過去からの伝統的真意にしたがっているものである。そうした伝統的意を親鸞も弟子の一人として、師法然からの教えを口伝《くでん》の形で受け継ぎ、後に唯円に伝えているのである。

したがってこの句の意味するところは、一般人の考えている俗人道徳の倫理と異なって、信仰の論理に属する。善と悪との二元相対の世界に住む人々からいえば、悪は善によって否定されるものであり、善は最高の価値と見られる。しかし親鸞はそれをあえて「悪人なお往生す、いかにいわんや善人をや」という世間の常識の論理で考えられる理解を「本願他力の意趣にそむけり」と断定して、これを退けてしまったのである。

その意図は自力をもって浄土往生のために善根《ぜんこん》〔徳本〕を積む人は、他力〔弥陀〕に任せる心が欠けているから、弥陀の本願を目当てにはしていない。しかしそのような人でも、自力を捨てて、他力にお任せするならば、かならず真実報土に往生する。そもそも煩悩づくめのわれわれが、いかなる自力を積んでも、輪廻の世界〔生死〕から離れるはずがないのでそれを哀れんで弥陀は他力法を建てられた。故にこの言葉は「悪人成仏」のためであるとする。

しかしまずここで疑問の出てくるのは、悪人とは一体誰のことか、どうもハッキリしない。煩悩を抱く人全部とあれば、ほとんど全人類の意味となり、特定の職業につく人とあれば「屠《と》沽《こ》の人々」〔被差別民〕となる。また極悪深重の人々とあれば、経典の「五逆を犯し、正法を誹謗する者」となる。他力念仏者の意であるともとれる。しかしよくよく読み込めば、結局は他力阿弥陀仏によらない、自力《じりき》聖道門の人全部の意ともなるらしい。

とすれば、悪人は易行によらぬ大方全部の人となる。そのような莫大な人口を本当に阿弥陀仏は、救済可能なのか？　どうしたって疑問が出てこざるを得ない。それを他力信仰によってむりやり信じろというのであるが、その信心念仏自体がこれまた極端に難しい。結局は自力修行が極端に難しいと同様に、他力易行もまた極端に難しいとなる。それは悪い難行の極端から、他の悪い易行の極端に移ったまでのことで、その「悪人救済」の意は単なる妄想にすぎないことになる。したがって悪人は誰にも永久に救われない。

それに理論上、現実的にいったって、「悪人は先、善人は後」となれば、今度はそれは善人の差別扱いとなる。仏教、信仰救済ならば、善悪同時に救うのでなければ、不公平となる。それに悪人も救われるとあれば、「本願ぼこり」が出てくるのは必然のことで、仏ともあろうものが、そのくらいの人間洞察力がなかったのかとなる。「本願ぼこり」によって、本来ならばただの凡人であれる者が、他力によって悪人と化されるわけだ。しかも経典が、条件を設けて、「五逆、正法誹謗を除く者」とすれば、救いは全人類には及ばず、極悪人は救いから除かれることになる。一人でも除外される者は不幸な措置である。

しかも五逆はともかく、誹謗の輩となれば、これは真宗門徒以外であるはずだから、ほとんどの衆生は真宗の「悪人救済」を誹謗する結果となる。すると、難行の他宗派の信徒はすべて非救済の人々とならざるを得ない。これでは真宗がいかにしても全人類教とはなれないではないか。そこで後年の念仏者は、仏の説を無視して行文の意を勝手に変更した。

とどの詰まり一端悪人とされた者は、現実的には救いがないし、宗教的にも永久に救われないのである。いかに信心がないから、信心がないから——と宣伝してみても、その信心自体が煩悩人にはおよそ不可能なものであるから、悪人は永久に救われない。残る救いは現実的にそのような人々に対応する社会機構《システム》を作ることでしかない。そのためには犯罪者としての悪人は普通の一市民と考えるのではなく、病人として扱うことである。

したがって刑務所は無用。その人の状態に応じた、特定の病院、あるいは治療施設に送り込み、犯罪もまた社会病の一つとして考え手当てをほどこすことである。そのためにこそ宗教はある。宗教とは人間超越の実践道である。単に学問のためのものではない。宗教といってもさまざまであるから、それこそ現代にマッチした精神的で合理的な宗教を選ぶ。今日ではメディテイション（瞑想）とされる行法がもっとも有効なものとされている。

悪とは中世の被差別民の意

越後や関東における親鸞伝承は、その圧倒的多数が非農耕民・非定着の民人と交流し、彼らを布教対象にしたことを伝えている。その伝承の多くが、山や里、そして海辺や河川を利用して物資を運搬する「渡り」や漁師あるいは職人層との交流から生じているのだ。例えば「金掘り」といわれた鉱山労働者や、その支配者である修験者《しゅげんじゃ》、あるいは平家や木曽義仲らの落人《おちゅうど》伝説を持ちながら山間に生きる人々との接触も伺える。

こうした移動性を有する民人と、農耕民の間には明らかに一線が画されていた。それというのも、農耕民は自作農であろうと、農奴的な存在であろうと、荘園や寺領そして守護、地頭の管轄下に置かれていた。彼らは田畑（租税対象となる耕地）で働き、収穫に際してはきちんと課税されていたのである。

これに対して渡りや漁・猟師といった職人層は課税対象になる存在ではなかった。律令体制が確立されて以降は、田畑に課される租《そ》（税金）を中心として、穀物以外の生産者には調《ちょう》（産物）、労力提供による庸《よう》が徴収されていた。この租庸調の租税体系は、平安中期以降乱れたものの、荘園領主の台頭、それに代わる鎌倉幕府の守護・地頭の介入による多元的な支配下においても基本的に不変であった。権力は田畑の穀物の上に成立していた。

そのため租税をきちんと納める人は、体制にとって「良民」とされ、租税対象外のものを生業にする人々は賤民《せんみん》視、「悪人」視されていたのである。また今日でいう「商人」も同じ立場である。当時アキウド、アキンド、アキビトなどと呼ばれていた、鎌倉時代の商人といえば、これはもう九割以上が行商人である。店を構えた人は町人と呼ばれていた。遍歴の民、そういう人々は、したがってやはり社会的な差別を受けていた。

この支配体制の論理は信仰にも貫徹して、「良民」は国家仏教が公認する大日如来、阿弥陀如来、薬師如来、釈迦如来などの如来を信仰することが許された。これに対して、体制外の「悪人」たちは直接それらを奉じることができず、「観音」などの如来より一段低い信仰対象しか容認されなかった。すでに繰り返し述べたが、聖徳太子信仰は、この観音信仰の変形である。事実親鸞の足跡が残る土地は、非農耕民たちが集まる船着場や市、湿原地が多く、聖徳太子を奉じる「太子堂」が必ずといっていいほど残っている。

親鸞といえば、すぐ農民との関係が想起されるが、彼の思想が農民としっかり結びついたのは、八代目蓮如以降のことで、特に江戸時代の檀家制度の確立によって顕著になったものである。

越後や関東の親鸞伝承に見るように、親鸞は草庵に居ながらにして、訪れる非僧非俗人と解される道場主たちを束ねつつ、自由に念仏布教を行なった。阿弥陀仏の本願を信じる〈信一念〉を持てば、誰もが往生できるという平等救済の方途で唱導したのである。特に中でも「屠《と》沽《こ》の下類」〈被差別民〉の信仰の解放を志向していたとみられる。

かように親鸞と被差別民と濃厚につながっていて、親鸞は自ら「われは屠沽アキウドと同類の人と称していた」ものである。そこには親鸞の肉体に食い込んだ体質的に見られる信仰心と同様に、漁師・猟師の被差別民とも精神的に融合していたのである。また帰洛してからは、東国から三百文とか五百文の御布施をいただいているが、当時の農民といえばほとんど金銭を持っていなかったから、商人の支持者もいたのである。

つまり『嘆異抄』にいう「悪人正機」説とは、近代人の考えるような抽象的、内面的なものではなく、置かれている現実実体の親鸞の自覚であったのである。

しかも驚くべきことは、親鸞のこうした最底辺志向というものは、比叡山堂僧時代の若い頃から、すでに得られていたものである。その頃の学問については、叡山の後期か法然門下に入った時期かは定かでないが、若き親鸞は経文を書写し、その注釈を施していたことが明らかにされている。そこでは経文の一字一句の解釈をさまざまな文献を引用しながら解明に当たっており、注解は経文の行間だけでは間に合わずに、欄外や紙背にまでびっしりと書き込まれている。その注記には十一から百九十二に及ぶ文章が引用されていると言われる。この文献主義的な姿勢は、ヤマの教学伝統を受け継いだものであろう。

具体的には、『観無量寿経・阿弥陀経集註』には、注目すべきことがある。それは引用文献中に、中国宋代の宗暁《しゅうぎょう》が編集した『楽邦文類《らくほうもんるい》』が存在することである。そしてこの『楽邦文類』から「屠沽者」、つまり生きものを捕獲して糧食とする漁・猟師や、職人、あるいは品物を売買して暮らしをなす行商人に関する部分だけを、抜き書きしていることである。そして屠牛者である張鐘馗《ちょうしょうきゅう》の往生談が語られ、その人々らも救済されるとある。

また『大宋高僧伝《たいそうこうそうでん》』からは、屠沽者と同じ屠児を扱った「屠児宝蔵伝」を自筆で写している。

このような態度は先にもいうように、この被差別の屠沽者こそが、親鸞思想の根幹をなす「悪人正機」の「悪人」と同義になるのである。比叡山ではこの山独特の文献解釈法である字訓釈《じくんじゃく》〔字に対する弟子の注釈〕・字象釈《じしょうじゃく》・転声釈《てんじょうじゃく》が随所に用いられている。それは経文の文字だけを問題にしないで、仏法の真意を掴むために用いるものである。

特に親鸞の場合は、文字の意味を独自の立場から読み替え、その深い意味を引き出す転声釈を多用して注釈している。この方法によって親鸞の悪の意は、即被差別者の暮らしの意となる。悪人とは具体的には被差別民、屠沽《とこ》の人々であった。

極悪人に育てられた親鸞

さてここで河田光夫はいう。それならば親鸞と被差別民との思想的な往還も始まるのではないか、と。親鸞は『嘆異抄』で「自力のこころをひるがえして、他力をたのみまつれば、真実報土の往生をとぐるなり」といっている。ここで「自力作善のひと」、つまり善人は心を翻せば、往生できるという条件が付いている。これが善人往生の条件である。

これは非常に面白い。普通は先述したように悪人が心を改めたら救われるというのであるから、逆しまになっている。つまり救う者に条件を出したんでは、救いにならない。これをせい、そしたら救うというのは、それをしなければ救わないということになるわけだから。だけど本当の、弥陀の究極における救いとは何かといったら、「そのままおれ、こっちから行って救う」それしかないと考えられる。本当の救いというものは、究極的には無条件で、一方的でなければならない――とする。そういう本質が他力本願の思想には現れている。

そこで親鸞は一つだけ救いに関して条件を出している。それが「他力をたのみまつる」ということで、論理的にいったら他力を頼みたてまつらない悪人はだめだということになる。ところがこれが大事なところで、悪人は本当に他力を持たなくてはならないのかということである。しかしよくよく考えてみるに、これは悪人の属性とでもいうか、悪人が本質的に持っているものなのだ。例えば被差別民というのは本質的に解放を求めている。

これこそが被差別民であるが故に持つことのできた人間的な輝きとなる。つまり悪人が悪人なるが故に持ちうるこの人間的な輝きが、親鸞にとっては「信心」という名で呼べるものでなかったかと思われる。そしてそれによって、『末燈鈔《まっとうしょう》』などの手紙よって現されているように、そういう人が「如来に等し」いということになる。

例えば『水平社宣言』に「人の世の冷たさが、どんなに冷たいか、人間をいたわることが何であるかをよく知っている我々は、心から人生の熱と光を願求礼賛するものである」とある。これは意訳すれば「人の世の冷たさがどんなに冷たいかよく知っているが故に、人間をいたわることが何であるかをよく知っている」という理解になる。そういう中で、『宣言』にもあるように、「我々がエタである事を誇り得る時が来たのだ」という文句が出てくる。われわれがエタであればこそ、これだけ人間の尊さを知り得たのだ、と。

親鸞はいう。「海河に網を曳き、釣をして世を渡る者も、野山に獣を狩り、鳥を獲りて命をつなぐ輩も、商いをもし、田畑をつくりて過ぐる人も、ただ同じことなり」さらにそうした人々は「石、瓦、礫《つぶて》のごとくなるわれらなり」と語っている。このように「悪人が救われる」という「悪人正機」説は、単に人間の心の煩悩具足という抽象的な意味合いを述べたのではない。むしろ屠沽《とこ》の下類、すなわち漁・猟師や行商人など、生きるために殺生や妄語、両舌をなさざるを得ない現実上の救済を高らかに謳《うた》ったのである。

そしてここで論者の河田光夫は一転する。以前には親鸞は、「下へ下へと降りていくことで、被差別民とつながることができた」と考えていたのであるが、それはまさしく転倒で、「その逆ではなかったか？　被差別民と接していく中で、彼の自己追求が初めて可能になったのではないか」と考えるという。親鸞は被差別民の中で育てられてきた！

話を元に戻していうと、法然は「造像起塔」〔像塔の布施〕「持戒持律」〔戒律の維持〕、こういうことができるものは、極めて少ない人口でそれを救いの条件にしたならば、「貧困者」は救われない。だから親鸞の解釈は、持戒持律の絶対できない存在というのが、本当の意味だろうという。これを最も端的に現しているのが被差別民である。他の人は努力したら、持戒持律できるかもしれないと幻想し得る。しかし殺生する猟師の被差別民には、殺生戒というのがあるからこれは初めから持戒持律にならない。

こうした人々には自分で悪を離れて善へ進もうという自力心は初めからない。この初めからないという存在が最高の存在じゃないか。親鸞は自力の心を捨てる、捨てなければならないという。しかし親鸞が苦労して近づこうとするその世界には、初めからそこにいる人々がいた。つまり被差別民は護るべき何物もない。特に殺生に関わる狩人・漁民、こういう人々にとっては、初めから捨てなければならない自力心というものは何もない。自分らが善によって救われるなんて認識はまったくない。それはもう不動の悪人である。

したがってただ一筋に他力を頼みてたてまつる以外には手はない。これこそが親鸞がいう救われるべき者たちである。今までの概念の転倒である。往生の正因である「悪人」が典型的存在であった。親鸞が被差別民の中に見た姿にこそ、そこに親鸞たちが、他の階層の人々が目指すべき到達点というものがあった。自力の心に揺れようとする誘惑さえもまったくない。初めから他力の裸のままの存在として、存在している。その姿こそ、親鸞が人類の、人間の類的存在というか、典型であると認識したんじゃないか。

この最もすばらしい輝き（悪人と呼ばれる被差別者の中に輝くかがやき）を、親鸞は確実に見たのではないか。つまりすべての人が目指してゆく到達点をその中に見た。そういう人類的存在を、彼としては「悪人」という言葉でまとめた。初めから自力に揺れ動く心をみじんも持たない、ちょっとでも条件を出されれば、彼らは「ほな、私はもうその救いの対象には入らん」というだろう。そのような存在に徹していこうとする位置に親鸞がいた。

救いは悪人ではなく苦悩者

しかし僕は、河田の意見には大いに共感を寄せつつも、何か全人的思想というには、いかに極最低者の被差別民を持ってこられても、何か一つ足りない感じがする。全人的にはもうちょっと超越しないと、全人的にはならないのではないかという感じがある。

その点では入井善樹のいう、親鸞が本当にいいたかったのは第一救済は悪人ではなく、悪人救済を越えたもっと普遍的な「苦悩者救済」だったという説には共感させられる。

西洋の諺に「最初のボタンをかけちがえたら、最後のボタンはかけられない」というのがある。そこで親鸞の最初のボタン、つまり開口一番がどうなっているかを検索してみると、親鸞の主著『教行信証』の解説本と言われる『浄土文類聚鈔《もんるいじゅしょう》』の、開巻劈頭《へきとう》の文に

「一、心をひそめて考えるに、思うことの難しい〔阿弥陀如来の〕弘誓は、渡ることが難しい

海も渡してくださる大船であり、何物にも妨げられない光は、迷いの闇を破る太陽である。二、それ（阿弥陀如来の）何物にも妨げられない不思議な光は、苦しみを消滅させて楽しみを証《さと》らせる」とある。この両者の整合から、苦悩者が正客と学べる。

ところが伝統的には、まず「悪人」救済を最初のボタンだと教示してきた。念仏は悪人が一番に救われる教えだと最初に聞いた者は、この宗教は刑務所で日々を送る人が喜ぶ教えだと考えるだろう。これでは入門以前に自分は悪人だという自覚が必要になる。伝統的に、悪人の自覚を「機の深信《じんしん》」（自己教化の力）というから、入門以前に深信が必要となるという大矛盾が起こることになる。そのために一般常識とは逆行して分からなくなる。

また同『教巻』では「群萌《ぐんもう》」救済とあるが、この群萌とは苦悩者ということである。そして苦悩者とは一体誰かとなると、それは「貧苦者」のことと理解できる。苦悩の中でも当時は貧乏の苦しみが一番だったのだろう。親鸞時代の貧窮者は極限状態の中で生きており、犬猫以下の扱いだった。その苦悩から人々を救うのが往相《おうそう》・還相《げんそう》の道である。

苦悩解消の念仏（往相）によって、現世利益と往生が与えられ、悟りを開いた者は、この世に帰り別の苦悩者を救う（還相）利他行であると学べば正解なのだ。「弘誓《ぐぜい》」とは「本願」のことだから、阿弥陀仏の光や本願はまず苦悩者救済を目指すのである。和讃にも「阿弥陀如来が本願を建てられた理由を尋ねると、苦悩する民衆を見捨てることができなかったので、如来から救いを与えて、大いなる慈悲の心をなし遂げた」とある。

これまで教学者の「悪人」の説明がバラバラであった。誰が悪人なのか証明できない。それで今のような解釈でいくと、貧困者が苦悩者であり、それを助けない者が、極重の悪人ということになる。念仏の教えは、凡夫をして苦悩者救済の人間に成長させようとしているのであるから、それに背反する者が「悪人」ということになって明確になる。

確かに親鸞の文献に照らし、悪人救済が重要な課題であることは明らかである。しかし悪人救済を第一課題としたのは唯円の『嘆異抄』の説で、親鸞自筆の文献からは、そのようには定義づけることはできない。したがって『嘆異抄』を主要教典として読む学者の説には、ゆがみがあるという危険性を留意する必要が出てくる。近代教学はこの『嘆異抄』のゆがみに気づかなかった。『ご消息』にも「悪人に近づくな」との文が三カ所もあるのだ。

そのほか聖典には、苦悩者優先救済の言はいくらも見られる。『教行信証』の「総序」には「群萌《ぐんもう》」を救済しとあり、『行巻』の引用では苦悩者救済から悪人救済への順になっているし、『信巻』では「如来、苦悩の群生海を悲憫《ひびん》して」「一切苦悩の群生海を矜哀《きんあい》して」とあり、同じく同巻では逆謗闡提《ぎゃくほうせんだい》〈我利我利亡者〉の救済は〈難化の三機〉の最後に置かれて、悪人救済は真宗の最後に位置する。また還相者の救済対象は苦悩者である。

これらの論証から、親鸞の教示する救済は悪人救済よりも、間違いなく苦悩者救済が重要視されていることを学ぶことができる。かくて入井の言は、これまでの真宗のあり方に決定的な影響を及ぼすことになる。貧困者救済となれば、むろん被差別者も入ることになるともいう。これで阿弥陀仏の救済は余程普遍的になってきたことが知られる。しかし僕にはこの入井の言にも不満を感じる。なぜならば、救済対象を普遍化したのはよいが、それでも貧困者特定化の論理であり、全人類対象ということにはならない。

それには被救済者が（物質的）貧困者から、（精神的）苦悩者に変革する必要がある。精神的存在者ならば物質的貧困者も入り込めるが、物質的貧困者の中には必ずしも、精神的苦悩者は入ることができない。あるいは金持ちの暇人ならば、貧困者よりも一層苦悩を抱えている可能性があるからだ。この真に悩む金持ちを放っておいて、真宗は慈悲の救済経であるとは言えないだろう。その意味では入井自ら認めるように、ここにおける苦悩者の意とは中世的現実であるにすぎないのである。それでは全人類にはならない。

そもそも現代日本では、世界第一位のアメリカに次ぐ、第二位の物質豊満の国とされている。アンケートをとれば国民の九割は暮らしの面では、「中間層」と答えるのが現実である。その意味では現代日本では真の物質的苦悩者はいないことになる。しかし苦悩者はいる。それは豊満なるが故に生まれた新しき苦悩者である。そのことを見逃しては、浄土教は慈悲の救済教にはなれないだろう。「新しい時代の苦悩者の救済を！」となる。

それには精神労働者・自由業者・リストラ労働者・ホームレス・自殺願望者・故郷喪失者・ヒマ退屈人等が最も被救済の対象となるべきなのである。

第四章　現実としての半俗人・親鸞を読む

帰洛後の親鸞の生活事情

善鸞義絶（縁切り）後の生活模様については、ほんの些細な事実しか分からない。

　そのうちの一つで善鸞の信仰心を現したものとしては、善鸞の鹿島詣《もう》での話がある。その頃彼は山伏集団か何かのリーダーとなっていて、ある人が常陸の村田というあたりを通ると今大殿（善鸞）が、男法師・尼女らがむしという垂れ衣を垂れて、二、三百騎で鹿島詣でするのだといって、大勢が声高く騒いでいるところを通った。これに至っても善鸞に帰服している者がいるのかと意外なのに驚いたが、こんな時も善鸞は他の本尊名号は用いないで、無碍光如来《むげこうにょらい》の名号だけをかけて一心に念仏していたと述べている。

　また乗専《じょうせん》も、「聖人よりいただいた無碍光如来の名号をいつも身をはなたれず首にかけ、馬上においても無心に念仏されていた……本尊の随身といい、羇中《きちゅう》（馬上）の称名といい、関東の行儀に少しも違わず、二度とも通りあって眺めてみると心中の帰法《きほう》〔帰仏〕は外儀《がいぎ》〔外側〕の軽々しい振る舞いとは異なっているようだと言われた」と述べており、そこには依然としてよき浄土念仏者の振る舞いを見せていた姿が見えるのである。

さて帰洛後の親鸞であるが（その際、恵信尼親子とは、関東から直接別れたという説もある）、六十三歳の親鸞は五十四歳の恵信尼、それに数々の子供からなる京都の親鸞一家の生活が始まった。これに善鸞の一家が加わった。親鸞の三十二、三歳の頃、最初の妻との間に生まれた子とすれば、すでに三十歳を越えているはずである。善鸞は本当に久しぶりで噂でしか知らなかった父に会えたのである。当分の間はなごやかだったろう。

そうした環境の中で、親鸞は京の東西に放浪住まいし、京の右京、左京とところどころ移住して歩いた。『教行信証』をより十全な述作とするためにまだ披見《ひけん》していない経典論釈を借覧する手づるを求めてのことであろう。相も変わらずの著述の日々であった。

それでは親鸞が、京都で念仏の布教をしないのであれば、親鸞一家の生計を支える収入はどうしていたのであろうか。親鸞の生活を支えたもの、それは関東の念仏者たちから送られてくる志の銭であった。関東の念仏者たちは、京都の親鸞に銭を届けるついでに、いつも信仰に関する質問をしたり、関東の念仏者の信心の有り様について報告していた。親鸞が関東の念仏者に書き送った手紙には、しばしば志のお礼の言葉が記されている。

教忍坊《きょうにんぼう》宛の手紙には「護念坊《ごねんぼう》の便りによると、教忍御坊《ごぼう》より銭二百文お志のものをいただきました。先に念仏のすすめのもの、皆様のうちから送られ、確かにいただきました」とある。親鸞は護念坊が教忍坊の依頼を受けて届けた志の礼をいっている。この二百文は教忍坊個人からのものであろうが、その前に念仏者一同からの銭も確かに受け取りましたから、礼をいってくれと記している。また「方々よりのお志のもの数のままに確かにいただきました。……方々の御志《おこころざし》大変ありがとうございました」とも書いている。

このような手紙を書きながら親鸞は自分が現実にはまったく他力で生きていて、自力では生きられないことにどう向かい合っていたのだろうか、と想像する。他人の他力で生きられても、他人の方は自力で稼いで生きているのである。それを知ることで自分の他力念仏説も修正するところがあるというふうには思えなかったのであろうか。

それにしても親鸞の一家の生活は決して豊かなものではなかった。関東からの小銭ではとてもダメ。時には日銭の金にも窮するような日があったものと想像される。それに自分の縁戚関係の問題が次々と被いかぶさってきた。末娘の覚信尼が一度亭主に早死にされて父のもとにやってきた。加うるに正体不明（親鸞の元妻ともいわれる）の女性と息子即生坊《そくしょうぼう》の養育にも尽くさねばならない立場に立たされた。それを両名共に関東の門徒に押しつけているのである。その事情については次のような実に情けない手紙を書いている。

「いまごぜんの母のこと、みなさまに、おねがい申します。他に身よりもない者ゆえ、みなさまに、おねがいするほかは、ございません。(中略)ただ、もう、みなさまに、おすがりして、あわれみを、かけていただくよりほかは、ございませんので、こんな手紙を、さしあげることに、いたしました。よくよく、意のあるところを、汲んでいただきたく、おねがい申しあげます。また愚息の即生房につきましても、これはまだ、ぜんぜん、世すぎの方法も知らない、未熟のもの。わがなきあとは、なにを、たよりに生きましょうものやら、見当もつきませぬ。せめてなにか、申しのこすものでもございますなら、いくらかは、心だのみでございますが、これもまた、いまごぜんのはは同様、私の力では、なんともなりませぬ。心のこりといえば、それが、しんらん。一生の心のこり。(中略)いまごろ、こんなことを、お願い申しあげねばならぬ、老人を、あわれとおぼしめして、どうか、この身よりない者どもを、やしなって、やって下さい。ねがいます。ねがいます」

まことに惨めにして、文字通り哀れな老人の姿がここに披露されている。この手紙を読んでは、読者も自己の親鸞像を一変せずばなるまい。一研究者によれば、親鸞ほどの善知識《ぜんじしき》が、京内で布教にまわれば、寺の一つや二つ建てられたものが……というが、そこが親鸞、己の仕事には夢中になれるが、何しろ生活意欲というものが全然ない。それを反省する気持ちもない。ひたすら他人頼みばかりの半俗人であったとしか言いようがない。

離人症的性格ではなかったか？

すこしの慈悲もない身では　衆生利益は思いもよらぬ、
如来の願船がなかったなら　どうして苦海を渡れよう

悪性がどうにもならず　心は蛇や蝎《さそり》のように
修善《しゅぜん》も毒がまじるので　所詮は虚仮《こけ》の行となる。

（「愚禿悲嘆述懐《ぐとくひたんじゅっかい》」）

貧しい親鸞の草房には、関東からの訪問者も時々あった。それでなくとも生計が苦しいのに一層の苦しさが増した。ある訪問団には、おそらく寝そべりながらでも接しているのか、あるいは下を向いたまま相手と応対しているのか、ものぐさい記述があって、「あなた方は十余国を越えて私のところへ聞きにいらしたのだろうが、ただ極楽の往生について聞きたいのならば、奈良や比叡山には数多くの学僧がおられるからその方々に聞いたらよろしかろう。私はただ一心に念仏のみ頼りにしているだけです」と返答をしている。

しかし大方の所用は前例のように手紙で済ました。彼の「消息」が集成されるきっかけは、いわゆる善鸞義絶事件にあった。それらに収められた「消息」は、そのほとんどが建長四（一二五二）年から建長八年までの、つまり親鸞八十歳から八十四歳までのものである。現存する四十三通のうち、半数を越える二十四通がこの五年間の消息である。しかしこの消息を読んでみるに如何にも彼の特異性が現れているように思われる。

一、先の銭の受け取りにも見られるように、彼の手紙には、助走部分（書き出し）というものがない。普通ならばまず書き始めには、近頃の気候の変化やら最近の暮らしの模様やらあるいは先方への気遣いの部分から入るものであるが、その助走部分がまったく欠けていて、どの手紙もいきなり本旨から始まるのである。したがって彼の手紙は深刻なものでも、要旨は分かるが、一見そっけなく感じられる。その助走部分というのは、いわゆる人間くさいものであるが、それが彼には一向に見られない。つまり親鸞は自分でも感性として和讃で述べているように、極端に言えば「慈悲」のない性格で、いわば人間嫌いのクールな人柄ではなかったかと推測される。心中は形而上的で、目は外に向いていない。

したがって一般人の喜ぶような、草木の育成の楽しみやら子供の成長ぶりやらといったものには生理的に関心がなかった。彼は最晩年「自然法爾《じねんほうに》」を謳うが、その場合の自然といえども本物の地に生えている草木や山々の美しさや川の流れの自然を映したものではなかった。ただ自分の理念に合わせる想像的自然、心に浮かぶ観念的な自然なのである。

二、妻の恵信尼は越後に数人の下人（農奴）を持っていたことが知られているが、親鸞にも関東時代から彼に付き添っているいや女という下人がいた。それが京都にも一緒に来たらしく、その女に関して王御前へ手紙を送っている。「いや女は、いま、どうしているのかとの、おたずねですが、どうも、こうもない、相かわらずです。どこへ行くと、いうあてもなく、召し使って、くれる人も、引きとってくれる人もなく、たいそう、侘《わび》しく、暮らして居ります。なんとか、してあげたいとは、思っているのだが、そんなわけで、なんともならず、すっかりもてあまして、居ります。私の力で、及ぶかぎりのことは、したいと思うのだが、もう、私の手では、どうにもなりません」という内容である。

ここに現れている親鸞のいや女に対する心うちは、「なんともならず、すっかりもてあまして、居ります」にあるので、そこには半俗人としての親鸞の性格がもろに現れているようでいやな気がする。しかしこのいや女もやがて買い手が出てきて、親鸞はその譲り状を書いている（その頃の奴婢は売買できた）。人身売買は幕府が何度も禁止しているが、いや女の場合は前払いの女で、それには該当しなかったと見られる。しかしここで親鸞は使い主から金銭を受け取っているに相違ないのである。いわば準人身売買である。それを公然となしている半僧親鸞に対していやなものを感じないわけにはゆかない。

三、越後に帰った恵信尼からは末娘の覚信尼に宛て時々手紙が届いていた。彼女は親鸞に宛てては一本も書いていないが、夫を尊敬する念については並々ならぬものがあることを綴っている。しかし夫親鸞から恵信尼への手紙は二十七年の間一本もない。あるいはあっても見つからないのかもしれないが、僕は親鸞の慈悲のない性格から、別れてからは全然書いていないのだと思う。このように親鸞は家族に対しても他人事のようにしていられる性格であった。越後時代の夫婦関係は互いに信仰で結ばれた理想的家庭のようにいう研究者もあるが、僕には善鸞事件のように家族への情というものは感じられない。

つまり心理学的にいうと、親鸞は「離人症」とも呼ぶべき体質の人であった。「離人症」というのは、自己の前面に人がいても心の通わない体質の人である。僕の知り合いに日本でも有数の哲学者がいて、時折話すこともあるのだが、話していていつも感じることは、口はきいていても、心がこちらに向いていないことである。そのことを僕よりもっと関係の深い人に話して聞いてみると、彼に対しても同じであるという。ということで、僕には、親鸞も、この哲学者と同じような型の性格であることを感じるのである。

「離人症」といえば、心理学上立派な精神病なのである。親鸞も同じであった。

個人主義者《エゴイスト》としての親鸞

親鸞の性格として考えられることは、先の「離人症」と関係して、エゴイスト（自我主義者）であったということである。というのは、一、親鸞においては弟子一人持たず候という。二、阿弥陀仏はわが身一人に与えられたものという。三、父母の追善のためなどと思って念仏を申したことはない、ともいう。これらの言を半僧的に考えれば、それぞれに抽象的思索の背景あっての言葉とも思えるが、半俗人としてはそう断定せざるを得ない。

彼は情的な面もあるが、当代にしては珍しく知的なタイプの人である。知的なタイプの人というのは、とかく感性の面はなかなか発達していないものである。彼を生涯「絶対知」を求めていた人と形容する研究者もあるが、それはそれだけ彼が一点集中主義で、その余のことは一切目に入らないアウトサイダー型の人となりであったことが想像される。それが故に彼の根源的人間性は極端なるエゴイスト、自己本位主義にも見られるのである。

対人的にもそうである。彼はひたすら法然を信じていて、「たこの頃、念仏は無間《むげん》地獄に落ちる原因などという人があるそうだが、私には、念仏は浄土に生まれる原因であるのか、それとも穿鑿《せんさく》は不必要なのである。それ故に例え法然にだまされて、そのため念仏申して地獄に落ちるとも少しも後悔しないであろう」という。この場合、他力の絶対の救いを信じている者が仮にも、地獄に落ちることを想像しているのは矛盾しているし、自分だけなぜそれほどに法然にこだわれるのかも不思議である。理由は「法然浄土経典」にあった。親鸞の信仰における「浄土経典依拠主義」はまさに絶望的なものであったのである。

またある時、東国の門弟に連れられて年若い弟子が一人やってきた。常陸の国奥郡の唯円である。二十一歳であった。親鸞からすれば五十歳も年下の、孫にあたるほどの念仏者である。この若者に対し親鸞はめんめんと浄土に生まれるための方便を微にいり細に渡り講義して聞かせ、その締めくくりにあたって親鸞は何といったかというと、一言「このうへは、念仏をとりて信じたてまつらんとも、またすてんとも、面々の御はからひなり」としているのである。これはやはり半僧人としてはおかしい。彼は例え一人でも念仏者を広めたい。それなのに相手の個々の判断に任せるというような、そんなつっけんどんな言葉でつき放しているのである。本来なら「だから念仏を信じなさい」と終わるべきなのだ。

こうした親鸞の個人主義は一体肉体のどこから出てくるのであろうか？　そのことを考えるとひとりでに、『嘆異抄』にいう宿業論に思いあたる。

親鸞は、「本願に甘えたために罪を作るということも、これまでになした行為を因とするもの（宿業）である。それ故に、善いことも悪いこともこれまでになした行為の報い（業報）にまかせて、ひたすら本願をおたのみすることこそ、他力を仰ぐというのである」といい、「善い心が起こるのも、以前になした善い行為（宿善）の報いであり、（中略）亡き聖人は〔兎《う》の毛や羊の毛の先端についている塵ほどのわずかな罪でも、以前になした行為の報いでないものはない〕と仰せられた」とも言っている。

半俗人としての宿業感は、宿命論であり、運命論であり、エゴイスト論である。この宿業感が他力（他力という名の自力＝エゴイズム）の思想とあいまって、彼の個人主義に、確信的な判断を与えているのではなかろうか？　ここでは宿業感と他力とがどちらが強く働きかけるのか分からないほどの拮抗感を肉体に与えている。いうならば先に宿業感があって、それを救うのが他力とされているのだが、彼の形而上的な他力の信心よりは宿業感の方がより強く食らいついているように思われる。ここまでくればその個人主義はもう決定的なニヒリズムの代名詞とも言えるのではないか？　ニヒリズムが支える個人主義なのである。

確かに宗教には、個というものは必要なものである。個人主義者ではなく、〈個〉になるべきなのである。両者には大きな違いがある。個人主義者はまだ〈個〉ではない。個人主義を信奉している人は、単に利己主義者でしかない。そして利己的であることは〈個〉ではない。ちょうどその反対だ――〈個〉にはエゴがないし、エゴには個性がない。

無我の意識だけが〈個〉を達成できる。「個性」という時、それは字義どおりのことをいっている。「個 individual」とは「それ以上分けられない indivisible」という意味だ。〈個〉とは神にも統合されているということだ。個とは多ではない。群衆ではない。多重精神ではない。彼は調和に至った人、結晶化した存在である。それに比してエゴイストは全体を持たない存在。それは偽物であり、まがいものである。

しかしである。ニヒリズムとしての個人主義ともなると、それは利己主義をも越えたダイヤモンドのごとき結晶した個人主義である。それは暗黒の宿業感であることによって、宿業観よりもよりはるかに肉体に沈んだ深い体質としてある。これを他力信仰によって克服することは、果して可能なものであろうか？　僕にはとても阿弥陀仏にそれをクリアできる力があるとは思えない。それは後に提出する信心と疑いの低迷と同質の問題である。

かくして親鸞の個人主義は問題となろう。親鸞には別途全体（阿弥陀仏の世界）があったが、半僧としての彼は、あくまですんなりと非エゴの正当派の道を往くべきであった。ところがその人間性を見るにこれまで説明したごとく、ニヒリストとしてのエゴイストの一面が体質的に覗いて見える。それを彼は逆に武器として使い、阿弥陀仏を浮き立たせるためのパラドックスを述べているにすぎないことは大いに分かるとしても、それにしても彼のエゴは骨がらみのものであった……。恐らく弥陀の救いに期待はできないだろう。

関東の息子（善鸞）を義絶する

関東の教団は、親鸞がまだ関東にいた時からすでに造悪無碍の邪義〔よこしまな意図〕の問題をはらんでいたが、親鸞が去ったと推定される文暦二年から十六年後の建長三年頃から再び深刻な動揺を示し始めた。門弟の動揺が単に教義についての見解の相違に止まるなら、それがどれだけ拡大しても問題は簡単であった。ところが実際は前述したごとく、それに造悪無碍・本願ぼこりの邪義・行動が終始つきまとっていて、問題の解決を困難にした。

これをおそらく建長二年後くらいに親鸞の門弟のうちの異議派が、幕府に正信派を訴えた。この訴訟に中心的に当たったのは、親鸞の最も信頼の厚い性信であった。

性信は鎌倉幕府に最も深い関係を持っていた。門弟のうちには、「しむしの入道」という幕府配下の武士もいたりして心強かった。鎌倉幕府が教団を問題にしたのは、例によって専修念仏者の風紀問題がきっかけであったろうが、それに対する答弁として性信が提出した陳情の中に、教団の念仏は「朝家の御ため国民のため」だという一節があって、訴訟は有利に展開した。それを親鸞は称賛して念仏の人は何よりも自分の往生のために念仏すべきだが、また「世の中安穏なれ、仏法ひろまれ」と考えて念仏すべきだと述べた。

ところが性信の努力で鎌倉での訴訟が教団側に有利に解決した喜びも束の間、問題はまたして再燃した。今度も非難の中心は門徒の神仏軽侮《しんぶつけいぶ》・造悪無碍の邪義であったが、前と違うのは、親鸞の息子善鸞が現地にいて紛争に深く関係していることであった。善鸞は関東の紛争を心配して親鸞が派遣したものであるが、当初は困難な使命を達成しようと精力的に活動したようである。そのうちに領家・地頭・名主ら下部支配層が登場してきて、念仏を禁止しようと動きだしてきた。親鸞はむしろ造悪無碍の輩の方が悪いので、先述したように、領家・地頭・名主の方が正しいとしたが、彼らの力を借りて布教することには絶対反対した。

善鸞はかかる邪義を正そうと努力したが、道場での異議は容易なことでは正すことはできなかった。我こそ親鸞の教えを受けた者だと自認する門弟たちやあちこちの道場主は、かなり自己陶酔的な状況になっていて、いかに親鸞の息男といえども、彼の差配をそうたやすく受け入れようとはしなかったのである。そこで止むなく彼はいささか卑劣な手段を講ぜざるを得なかったのではなかろうか。彼は父の教えた念仏は誤りで、私は父から一夜、夜中に秘密の法門を習っておりそれが本当の念仏だなどといいふらした。

しかしながら親鸞はそのような呼び方は聞いたことも習ったこともないから、善鸞にそうっと教えることのできるものではないといっている。「まず善鸞がいう法門のようなことは、名前も聞いたことがなく、まして習ったこともないので、善鸞にひそかに教えることもできない。また昼も夜も善鸞一人に人に隠れて法門を教えたこともありえない」と性信房宛の返信に書いている。となると善鸞の言葉は邪義であることは明白だとなる。

しかし善鸞にしたがった同朋がかなりあり、大部の中太郎（平太郎）道場主たちは、九十人も道場を離れて善鸞についていってしまった。動揺し混乱している門徒同朋たちには一層拍車をかけることになった。そこで自分の立場を合理化する要に迫られてきたので、善鸞は関東の門弟の動揺について、性信・真仏・入信や信願など主立った親鸞の高弟たちを念仏から離反しているると偽りの報告を送ったりしていたのである。

このように善鸞は有力道場主を非難し、その門徒らを煽動して道場から離脱させようと計画する一方、在地領主だけでなく、鎌倉幕府にも出訴して、その権力を利用して関東の教団を自己の支配下に収めようと企てた。そのため道場主の中には、教団の内外からの圧迫を感じて、道場の経営維持に自信を失う者も現れ出した。真浄などもその一人で、親鸞に手紙を送り相談した。この真浄の手紙で初めて親鸞は現地における善鸞の動きを知ったようである。そこで親鸞はうすうす善鸞についても疑問を感じ始めた。

それにしても善鸞が関東の教団で一時道場主をしのぐ影響力を持ったのは、父親鸞から夜中秘密に伝えられた教えを伝持していると主張したからである。したがって親鸞がそれを「きわまれるひがごと」として否定した以上、善鸞の影響力は次第に減退したのが当然である。焦慮した善鸞は劣勢を挽回しようとして、ますます異行の手段をとった。

幕府への出訴を継続して、権力による弾圧を図るとともに弥陀の本願を「しぼんだ花」に例えて、それを捨てるように門徒らに説いた。夜中の密伝とは御法度の秘事法門だともされ、また造悪無碍とは異議の専修賢善〔善の勧め〕を主張したとも考えられている。善鸞はまた自分の言い分を否定した親鸞に対しても、「継母」（恵信尼）に言い惑わされているといいふらして中傷した。親鸞は善鸞がかく念仏者を動揺させ、親にも無実のことをいいふらした罪は許せないとして、建長八年五月二十九日をもって父子の縁を切った。

「あなたの罪は五逆の一つです。更にこの父にいい加減な嘘を言ったということは父を殺すことです。そうしたあなたの間違いを聞くことは、情けないことですから、今はもう親とも言ってくださるな。私もあなたを子と思うことも断念しました」と決断した。

いろいろのことが絡みあって複雑な様相を呈した関東の教団の紛争も、親鸞の善鸞義絶によって、善鸞の異議の正体が教団のうちに知れ渡ると、ようやく解決のメドが立った。善鸞を支持する者も、すっかり姿を消し、幕府での訴訟も自然沙汰《さた》止《や》みになったようである。

親鸞批判と善鸞への弁護

このような経過において、善鸞は父親から義絶されてしまったわけであるが、親鸞のこの対処の仕方については、僕は親鸞に対する不満と善鸞への同情を禁じえないものが残る。それをいうと幾つもあるが、そもそも関東での本願ぼこり・造悪無碍なるものは、もとはといえば、布教者である親鸞自身が作ったものであるということである。彼は以前にも記述したように関東ではもっぱら『教行信証』の制作に夢中になっていたから、自然ものいいが抽象的になってくる。それはほとんど誰にも理解できるものではなかった。

そんな教義を聞いて、関東の無知な民はわかるわけがない。また聞いてみてもそれは誤解を招くだけで、造悪無碍の行為は必然的なことであった。そのことの実地体験は若い京都時代にすでに体験済みのことではないか。それを関東においても同じことを繰り返している。そしてあわてて手当てしてみても一向に効果が出ない。それで言ってみれば、関東の門徒の紛争をそのままに投げ出して、自分一人逃亡帰洛《きらく》してしまったのが実態というものではないか。そのことに対する自己反省というものが、全然感じられないのである。

その意味では自分が当事者であり、対処できなかったものが、息子の善鸞にできるわけがないだろうという、常識的判断というものがない。その点ではむりやり何の権威もない善鸞に期待をかけ、紛争中の関東に送った自分の予測が間違っていたのであって、その点でも親鸞という人には常識的な予見というものがなかった人ということになる。

また思想的な面から見ても大いにおかしい。親鸞自身が「悪人正機」として、どんな悪人でも念仏一つで救われ、むしろ善人より先に浄土に救われるとしておきながら、この悪を犯した息子をどうして救えないのか？　かつての「悪人正機」説は一体どこへ飛んでいってしまったのか？　親鸞が生きていれば、聞きたいものである。とすると親鸞こそが浄土教の異端者なのであって、義絶の行動は矛盾もいいところであると言いたい。

ただしこの意見に対しては福田杲正《ふくだこうしょう》の反論があって、「一見これも尤《もっと》ものように聞こえるが、悪人正機はあくまで法の第十八願の如来の立場でいえることで、衆生人間にいえることではない」「本願に向かわない本願を仰がない悪人をもいきなり悪人正機としていないことに留意を要する」としている。それならば聞きたいが、如来の意見は仏の世界でしか通用しないのか。この意見だと、如来の意見は純他力者の世界であって、現実社会で生きている人間の世界ではまったく関係ないことになる。だが布教というものはあくまで生きている一般の人間への実践であって、それを否定すれば如来の世界と現実とはまったく縁が切れてしまう。

第十八願軽視については、秘事法門の徒と見られている善鸞は四十八願のうち第三十七願の菩薩行を重視していた。その方が関東人の肉体志向に向いていたのである。

また親鸞の五逆の解釈もおかしい、というか間違っている。なぜならば、願文の五逆とは「父をコロス、母をコロス」輩となっている。親鸞は現実に殺されたのか。一字一句も厳密に調べるという字訓《じくん》釈《じゃく》の立場にあっては、このように「父殺し」と断定するのは、拡大解釈もいいところで、親鸞はこのところでは、まさに半俗人になっているとしかいいようがない。「正法を誹謗する」においては尚更のことである。誹謗となれば念仏者が自ら誹謗するわけがなく、対象は念仏者以外に設定されていることは確実である。

それが「抑止門《おくしもん》」「摂取門《せっしゅもん》」として学者の間では、認められているというのだから、「抑止門」では少なくとも、五逆、誹謗の徒を罰することはあり得まい。これもまた救いの対象とみなされる。本来この「除外」例は、法然の『選択《せんちゃく》本願念仏集』では、すっぱり切り捨てられたと言われるが、それではなおさら十八願の主旨は一般人にも適用されることになる。

それから秘事法門の件であるが、親鸞はそんなもの「名前も聞いたことがない」と称しているが、それは極めて疑わしい。なぜなら始終訪れる道場主たちがいるわけだし、その談話の中でそんな異端の話が出ないわけがないと思える。それに研究者は誰一人秘事法門に触れていないが、富山市に桑谷観宇という秘事法門の研究家がいる。

その人の書いたものによると、「私がかつて入手した善知識相伝の巻物によれば（以下年月略、親鸞三十三歳の折に）法然・聖覚《しょうかく》と共に東山の岩屋に行く。その時聖覚が親鸞に『ここに来たのはあなたに御相伝一流の深義を付属し給《たま》わんがためである』」といい、親鸞は岩屋の下の水で体を清めると法然は阿弥陀経を読み、式法三礼された。またある伝えでは、親鸞が法然の吉水の禅室を訪ね、禅室の扉を閉ざして深更《しんこう》〔夜ふけ〕に弥陀秘密の法門を受けられたとあるからである。したがって秘事法門は一般的には善鸞が創始したものとされているが、この儀式めいた行事は実はそのずっと以前からあったものである。

武田鏡村の文章でもこれに触れていて、蓮如の頃に親鸞の作った和讃を大声で唱え、傍ら念仏を称するのが流行《はや》った。これが異端とされる秘事法門であるが、蓮如はこの和讃唱和の隆盛に逆《さか》らいきれず、逆にそれを取り入れて『正信偈《しょうしんげ》・和讃』を読経用として出版した。「蓮如には異端を飲む逞しさがあった」とある。法門の相伝系譜には常陸の国大部の平太郎へ流れており、関東では秘事法門がかなり普及しており、善鸞が逆にこの法門を利用することで布教しようとしたことが伺われる。また「継母」問題については、五十になんなんとする男に自分の出自がわからないわけがないと思われ、善鸞の言を信用する。

僕にもやってくる他力の誘い

恥知らず、浅間《あさま》しい身で　誠の心はないけれど、
弥陀の廻向《えこう》をいただけば　功徳は十方にみちみちる。
蛇蝎奸詐《だかつかんき》の心でもって　自力修善はとうてい出来ぬ、
如来の廻向をたのまずしては　恥知らずのまま果てようぞ。

（「愚禿悲嘆述懐」）

誠に生命力の旺盛であった親鸞もいよいよ寿命を完《まっと》うする時となったか、弘長二（一二六二）年、十一月下旬に入ると病床につき、ついに二十八日には入寂《にゅうじゃく》した。親鸞の死に場所は

実弟の尋有《じんう》の寺院善法坊で、二十八日の午前一時〜三時に息を引き取った。その枕辺にいたのは、息女（?）王御前の覚信と上洛していた益方《ますかた》の道性《どうしょう》有房《ゆうぼう》や実弟たち、急の知らせで入洛した顕智《けんち》や専信《せんしん》、身内の尊蓮《そんれん》、そのほか在京の門弟同朋たちである。

遺言と考えられる最後の言葉は、「本師聖人のおうせではそれがし（自分が）閉眼すれば、賀茂河に入れて魚に与えよと云々。」であったという。これは即ち肉身を軽んじて、仏法の信心を元とすべきだという意を現したものであろう。これをもっていよいよ葬儀を一大事とすべきにあらず、停止すべきであろう――と覚如が語っている。

しかしこの体は川の魚に与えてしまえという言葉には、親鸞の覚悟のほどと浄土への信心が含まれていると見られるが、ここでも僕は親鸞の暗い闇の底に沈んだ個人主義あるいは徹底したニヒリズムを感じないわけにはゆかない。親鸞は個人同士の人間組織は避け、「同朋《どうぼう》」「同行」という言葉を作ったが、これは現代の個と全を調和した組織としての「自由連合」と同じ意図とされて以前には非常に共感したが、これもまたまず「自己の個」を大衆に入れる場として考えたものだろうと想像されて今は若干疑問に感じている。

親鸞最後期の心中を語った語といわれる「自然法爾《じねんほうに》」（法のままに自然に往く）にしても、同じである。研究者は何れもこの境地は、親鸞の行き着いた先の見事な表現だとしているが、僕にはこの言葉は必ずしも彼の心境を現したものではなく、半分「思想的」まとめとしてとり、かつ「何分私も老齢のこととて、目もうとくなりましたし、何事もみな忘れてしまいました」という肉体の衰えによる致し方ない立場をとったものと考える。

また「無上仏」を称えだしたことにより、親鸞は晩年浄土をも克《こ》え、純粋な敬虔《けいけん》主義に移ったとも評されるが、これこそ親鸞一人良い子になった徹底した個人主義《エゴイズム》と言える。ということは、これまで第二位報相《ほうそう》阿弥陀を称えて布教してきたものが、この次元では法相・無上仏（それは超阿弥陀仏＝無仏論＝空）に至ることで、衆生（教義）はみな残らず放り出してしまった挙句の宗教観であるから、その意味では親鸞は生涯民衆に大ウソつきの教義でだましてきたことになる。

したがって親鸞最後の生は、必ずしも幸福なものではなかったろうと推測される。そのことは親鸞自身が一番よく知っていて、彼は棺桶の中でも自分の半僧半俗の身を懺悔していたのではあるまいか。悪と救い、この宗教によって彼は絶えず自己懺悔せねばならず（なぜならば、悪がなければ、弥侘の救いも必要ないので、浄土真宗は崩壊してしまう）、かつその救いについては阿弥陀仏を一心に頼り、自己の救済を念願していた。

しかし阿弥陀仏はついに救ってくれなかった。それはあたかもイエスが十字架にあって、「神よ、お救いはないのか」と血を吐く思いで語ったのと同様である。阿弥陀仏による救いはついになかった。それは難行を比叡山で勉強して、法然に出会えて易行のあることを知って確信した時の信心とは、まったく違っていた。では、他力の念仏易行以外には、何がありえるのかとなると、親鸞はまたして阿弥陀仏にすごすご帰らざるを得なかったのだろう。救いのない阿弥陀仏をやはり信じないわけにはゆかなかった。

その繰り返しの中で、必死に阿弥陀仏を強引に信ずる。その苦哀はいくら自己懺悔をしてみても変わらなかったものと推測される。衆生に対しても僧侶にしても難しい自力難行を捨てて、最も簡易な他力易行をとれとしたのであるが、現実にはそれがまた「難中の難」の宗教であった。この思いは終生親鸞につきまとって離れなかっただろうと思う。それが故か、ある友人の浄土教僧侶に聞くと、入寂に付き添っていた誰かが「親鸞は死んだ時にはいやあな顔つきをしていた、と語っていたそうだ」と聞かされた。さもあらんと、うなずかれた。

ところでここで一転して、僕自身の問題であるが、僕は親鸞の欠点ばかり見てきて、執筆しながらも絶えずさいなまれていたのは、かすかなる親鸞の他力信仰肯定の気持ちである。僕はまず今のところ人並みの健康さで仕事を進め、一見一本の棒のような生き方をしている。しかしこの棒が何かの拍子につまづいて、中途からボキッと折れたらどうしようかとなる。その危険性を自身老年の域に入ったことで、真剣に心配している。

で、ひょっとすると僕もあるいは親鸞同様、他力救済の信仰に落ちつくかもしれないと想像する。英語に「サレンダー」という言葉がある。この語は自分=自我を捨ててべったりと地にひれ伏すことで救いが得られるという意味である。インドでは「手放し」ともいう。己の全部を手放してこの存在（宇宙）と融合することである。「奴隷」という言葉もあるが、これは西洋では奴隷の悲惨さを謳った意味でしかあり得ないが、東洋には二つの意味があって、一つは西洋と同様、しかしもう一つの意は自分の全部を神の意に任せることである。

その意味では構成的には、他力信仰と同じである。しかし知性では本物の救いは得られない。自己体験（信頼）である。その時になって、僕もまた親鸞同様に「義（理）のないことを義とする」他力本願の阿弥陀仏の救いに期待するようになるかもしれない。それで今のところ僕は自力と他力の狭間《はざま》でじっと構えているのみである。その結果、死ぬまでにどうなるか自信がない。ではどうなるのか、単にニヒリズムしか残らないことになる。

第二部　多極から他極に移った浄土真宗

――インドの和尚への架空インタビュー――

つい数年前までこの世に生を受けていた和尚は、彼の生き方とその教えが、あらゆる世代のあらゆる社会的地位にいる何百万もの人々に大きな影響を与えた。彼は現代の偉大な大宗教家、大神秘家である。その故に彼はロンドンの「サンデー・タイムス」によって二十世紀を作った百人の一人として、また「サンデー・ミッドディ（インド紙）」ではガンジーやネール、ブッダと並んでインドの運命を変えた人の一人とされている。その和尚に浄土教についての架空インタビューを試みた。

第一章　神は擬人格ではなく存在性である

それは暗黒を前提とした宗教

――インタビューは浄土真宗の核心である神仏、信心、念仏、浄土の四項の順番で行いたいと思いますが、そもそも浄土真宗は仏教末法説、暗黒前提と言いますか、人間性悪説を前提として初めて成り立っている。それがないと崩壊してしまうのではと思いますが。

和尚　まったくその通りです。法然や親鸞が生きていた時代を考えれば無理もないことですが、時代の大動乱の結果、民衆はこの世で救われないならばせめて死後、来世においてにでも希望をつなぎ救われたいと思います。浄土教は仏教というより、そうした時代の要求にマッチして広がったものですね。親鸞はこの世は「穢土」〔汚れた地〕として、徹底的に認めていませんでしたからニヒリストと言えましょう。そこのところで聖徳太子の「世間は虚仮《こけ》、真実は仏のみ」という言葉と完全に重なっていたのですね。

しかし、その根本のところでの前提が私の意見とは決定的に異なります。まずこの世の人生は「暗黒」ではなく「祝祭」とみなさなければなりません。この世で必要な人生観は、暗黒性ではなく祝祭性です。イエスの像のような深刻なものをとってはいけません。その点、祝祭は全面的に異なる次元です。祝祭はすべてを分けへだてしない。それは互いを結び付け、物事を一緒にし、世界を一つのものにまとめあげます。上と下、右と左、天と地という二元対立をなくし、統合をもたらし、その統合とともに喜びを与えます。そこには争いというものがないからです。祝祭には闘争はなく、征服されるべき何もない。このまさに祝祭の中で、あらゆるものが克服されるのです。

――そのためには社会の経済性が問題となりますね。

和尚　その通り。私は、宗教を最後の「贅沢」だと考える。社会が豊かになった時にのみ、宗教は意義を持つようになる。宗教的になるには、あるいは究極の生への問いに興味を持つようになるには、低い階級の人々が欲し、必要とするものすべてを、社会が本当に満たしている必要がある。だから私にとっては、貧しい社会は宗教的社会とはいえない。貧しい人々の宗教と、豊かな人々の宗教との間には、基本的な違いがある。もし貧しい人々が宗教に興味を持つとしたら、その宗教はただの代用品だ。例え彼が祈ったとしても、何か、利益となる商品を手に入れたいと祈るだろう。「あれを下さい、これを下さい」と。それでは決して高い宗教は生まれません。親鸞の場合も同じことです。しかし、親鸞は、物益を否定することで、危ういところで宗教性の高さを維持していました。

——仏教の発生からしてもそう言えるのでしょうか。

和尚　言えます。仏教の発生はインドにおける最も豊かな時代にブッダが生み出したものです。その頃のインドは今でいえばアメリカみたいなものでした。ですから仏教はとても高い水準のものが生まれました。貧しさからは、このような高い内容をもった宗教は生まれません。ですから私は貧しさの宗教というのは肯定しません。その意味で私は高い宗教の土台には裕福さがあることが大事だと思います。

インドではクリシュナ、マハヴィーラ、ブッダ……。ヒンズー教には、二十四人の化身がいる。二十三人はすでに現れており、ただ一人だけがまだ生まれていない。仏教とジャイナ教にもまた、二十四人のブッダとティルタンカラ（大聖）たちが存在する。すべて裕福な王の息子たちだ。誰一人、貧しい者はいない。それがキリスト教とヒンズー教、仏教との間にある違いの一つだ。キリスト教は、いまだに貧しい者の宗教のままだ。それ故にキリスト教はより高い頂に到達できない。もしあなたがヒンズー教の教典ウパニシャッドと聖書とを比較するなら、聖書は貧相で、子供っぽく見えるでしょう。

――その意味では宗教発生と時代性（環境）とは密接な関係がありますね。

和尚　仏教の受け入れ態度に大きな開きが出てきます。日本では法然が浄土教の開祖ですが、法然が仏教を受け入れた態度は、仏教の本格的な、真正な形態を把握しようという動機から出発したものではない。むしろ彼自身生きていた時代の最も荒れ果てた社会的動乱期にふさわしいもっとも適切な形態の把握を意図したものであります。したがってその意味では、確かに法然は優しい優れた宗教家でしょうが、言い換えれば、宗教の絶対真理（菩提心）の追求を放棄して、時機相応の方便を求めたことで問題になります。

またそれは発生説に関わるもので、この教えはインド外のイラン方面の太陽神話やまたイランの水神アナヒタの観音に類似していることに関係するミトラ（古代イランの太陽神）ではないか、といった推測がなされています。とすれば、阿弥陀経は仏教に似て仏教ではないという言い方も出てきます。現に新進の新しい仏教研究家たちは、はっきり「如来思想は仏教にあらず」という研究論文を発表しています。したがってその出自からも日蓮なんかも『立正安国』で、浄土教は仏教の「傍流」であると指摘しています。

無射精の谷のオーガズム

――しかし現実にこの世の中では苦しんでいる人が数多くいますが。

和尚　基本的なことは、「どうやったら苦しみを作りださずに済むか」と尋ねることではないのです。自分が自らの苦しみを作りだしていると知ることです。次には本当の窮状が起こって、苦しんでいる時に、自分がその原因なのかどうか見つけてごらんなさい。もしその苦しみは自分がその原因であることを見つけだすことができたら、自身によってどうにもなりますから、苦しみは消え、同じ苦しみは二度と現れません。苦しみが苦しみなのは、自己以外の他人によって引き起こされていると信じているからです。

だから宗教はあなたを自らの運命の主人にする。苦しんでいる原因はあなたにあるのだから、あなたは自らの至福の始まりになることもできるのです。その点親鸞は当時の状況からまず自分とつながる方便《ほうべん》〈方法、手段〉、〈救済〉としての宗教を考えたわけですから、必然性のある方向を見ていたと思います。そして私の言のとおり、自分の内面で救済される慈悲の宗教を発明しました。しかし方向は正しくとも、結果としての内容にはとても大きな問題があります。

――僕がいつも不思議に思うのは、親鸞自身「愚禿悲嘆述懐《ぐとくひたんじゅっかい》」の中で「蛇蝎奸詐《だかつかんさ》の心で

もって　自力修善《しゅぜん》はとうてい出来ぬ／如来の廻向をたのまずしては　恥知らずのまま果てよ
うぞ。僧といい法師という名は　尊いものと聞いたのに／提婆《だいば》の五邪《ごじゃ》の法に似て　いやしい
者につけられた」と言ってますが、このようなさがを、半坊主の身である自分が仏に頼らな
くとも、どうして自分の努力で一つ一つ解放、超越しえなかったのかということです。

和尚　そのように現代風に考えたならば、阿弥陀仏は不要となりますね。例えば彼はセックス
には相当に悩まされたようですが、人間の根源的さがとしての性欲にも対処法があります。私
は性を肯定する宗教家として著名であるが、私はあなた方に性を教えているのではない。私が
時に性について語らねばならないとしたら、それはキリスト教、ヒンドゥー教、イスラム教の
抑圧的な伝統があるためです。その責任は私にあるのではない。その責任は彼らにあるのです。
彼らは人間の生をすっかり麻痺させ、完全に不健全なものにしてしまった。彼らの全策略はこ
の性というエネルギーを抑圧することにあった。

いいかな、あなたにはたった一つのエネルギーしかない。最も低いところでは、それは「性
エネルギー」と呼ばれる。それを瞑想を通じて、瞑想の錬金術を通じてさらに純粋なものにし、
変容させ続けていくと、その同じエネルギーが上に向かって動き始める。それは愛になり、祈
りになる。それは同じエネルギーであり、ただそれの純粋な状態に過ぎない。セックスは粗野
な、生のものであり、鉱床の中で見つかるダイヤモンドのようなものだ。その原石はカットさ

れ、磨かれねばならない。そしてダイヤモンドになる。
性は変容されねばならない。変容を通して性超越《ブラフマチャリティ》が起こる。宗教は変容するどころかそれを抑圧してきた。抑圧すれば、自然な結果として性倒錯的な人間が生まれてくる。

――それで……。

和尚　セックス。子供たちは何れ本当のことを発見せざるを得ない。いつまでそれを彼らの目から隠しておけようか。必然性は何一つ隠さなくともよい、あらゆることが説明されるべきだ。性は自然な現象だ。それについては一切悩まなくともよい。人間が宗教の搾取や宗教のきわめて抑圧的な因習、伝統から解放されたなら、性について語る必要はなくなるだろう。そうなったら私たちはそれをもっと高次のエネルギー形態に変容させる。より複雑な、悩み不要の科学的な方法に移行してゆくことができるでしょう。

――その高次のエネルギーのための性の科学的な方法を教えて下さい。

和尚　そもそも性というのは、オーガニズムに至って射精する一瞬の間に感じられるように、その瞬間の間は自我の溶解の段階なのです。つまり性は性を通して人間超越への導入部ともたり得るものなのです。われわれがこれほど性に惹《ひ》かれるのも生理的な欲求というよりは、その自我の溶解に至る一瞬の無我への魅力として惹かれているのです。

そうした初期無我の発見の後には、より高次の性が得られるでしょう。その性に関してはチベットのタントラ（密教）が最も明らかにしています。彼らは射精する山の頂のオーガズムと反対に、射精を拒否した無射精のセックスを知っています。つまり最初の形だけは通常の性と同様なスタイルをとり、そのまま男女両者とも瞑想の領域に入ります。そうすると彼らの体験者によれば、一度きりして、それ以後一週間も性の要求はわかなくなるのです。セックスして射精しないというのは通常の観念からすれば、奇妙に感じられるだろうが、実際にはじきに慣れて当事者は性から解放され、性を要求しない月日は一週間、二週間と伸びてゆき、終いには一年を通して要求を催さないことになるのです。

これが本当の宗教界における邪淫戒《じゃいんかい》の確保になるのです。言い換えれば「宗教的独身」の成立です。その段階において当事者は無上の幸福を感じます。

神は臨在であり存在だ

——あなたの人間のネガティブな面に関する全体的な対処法は、少し摑《つか》めたような気がします。僕は否定的ばかり考えていましたが、あなたの言を言い換えると単に否定するのではなく、その問題点に対して理解を与えることですね。それが解決につながる。

和尚　どんな否定的なものといえども、否定し抑圧するのはよくない。抑圧は正しいやり方ではありません。あなたの抑圧してきたすべてのものが飛び出すその機会を待ち構えている。それは単に無意識の中に入ってしまっただけのことです。したがってそれはいつ、いかなる瞬間にでも戻ってくるかもしれない。ちょっとした刺激でも、それは浮かび上がってくるかもしれない。そのために耽溺《たんでき》といわれるものより一層始末に悪い。

耽溺する人はある意味で抑圧する人と比べたら正常だ。抑圧する人は病気になる。耽溺する人は少なくとも自然だ。自然はそのように作ったのであり、欲望を抑圧することはあなたを不自然にしてしまう。低い自然から高い自然へと向かうことは易しい。不自然な状態から、高い自然へと向かうことは易しいものです。

その意味では親鸞は不必要な悪性で生涯悩まされていたのですね。自分のどうしようもないさがには直接的に対峙しないで、まるで反対に親鸞は自分の痛みをえぐりだして狂い惑うことで、逆にその狂気は救済の阿弥陀仏を呼び出すために使われているようなものです。必要なのは自分の醜いさがの癒しでありながら、阿弥陀仏の存在の信心を得て仏の救済によりかかっていた。これでは通常と逆しまの宗教を生み出したことになります。

しかもブッダの原説とされる『法句経』には、個人の救済の部はありません。「自ら罪を造りて汚れ、自ら罪を造らずして自ら浄めり、浄不浄は己に属す。他によりて浄めらるることなし」とある。

　したがってブッダの意図からすれば、阿弥陀の故人救済はないことになります。

――今、阿弥陀仏という言葉を持ち出されましたが、そもそも神仏というものは本当にこの世に存在するものなんでしょうか？

和尚　神とは想像上の言葉、僧侶たちが創り出した、訳の分からぬチンプンカンプンのことばだ。神とは未知の世界で絶対言葉では表現できない。ただ神を体験した者のみ理解される世界でしかないのです。実際、神が存在するのかと尋ねることは馬鹿げている。知る者にとっては神は存在であり、神は存在そのものだ。

　私たちが神は存在するものと言えば、神という言葉から何かを創り出すことになる。そして神は〈もの〉になってしまう。だが神は物ではないし、とりわけ人格あるいは「擬人格者（阿弥陀仏）」でもない。だから神に何の責任も負わせることはできない。責任とは人格があって初めて生じるもの、責任を負う誰かがいて生じるものだ。

　ところが神とは人格ではない。もし神が人格ならば、人格の持つ自我《エゴ》をみな背負い込まねばならないことになる。それでは神とはいえない。したがって神は、純粋な無我存在だ。言葉が人を乱すのは、言葉が人格を付与するからだ。だから神というより〈存在〉という言葉を使った方がいいだろう。この世の〈存在の全体性〉が神だ。だから神は存在するかと尋ねることはできない。それでは「存在は存在するか？」と尋ねるようなものだ。「存在は存在するか？」これでは質問自体がとんちんかんになってしまう。存在は存在するに決まっている。もし存在なくしては、質問することはできないし、質問する者も同様、存立不可能になる。私はそこをハッキリさせたい。私が神という時、それだけで存在を意味している。神はあるものすべてのことだ。山川草木は神だし、あなたも神である。神は存在、神とは、在ることの本質だ。

——神が人格的ではありえないというのは、心にひっかかりますね。

和尚　最初に神はモノではないということ。次には人格ではないということだ。なぜなら神である〈全体〉＝〈存在〉＝〈空〉は、人格になり得ないからだ。親鸞も阿弥陀仏の法相《ほっそう》〔窮極〕は光であり、智慧であり、空であるとしている。しかしそれでは民衆にはトンと分り得ないから、そこで民衆の眼に理解されやすい救済仏・報相の阿弥陀仏を取り入れたのです。だから擬人化された救済仏・阿弥陀仏は神仏ではないのです。（民衆への便宜的サービス仏）ブッダも空の中には神も魂もないともされた。したがって阿弥陀仏のいない浄土教には、本来救済もないわけです。

そもそも人格とは、関係性を意味する。完全に一人の時、あなたは人格ではなくなる。完全に一人きりの時、あなたはまったく人格ではなくなる。あなたは存在そのものとなる。だから神を求める者は、孤独へ入ってゆき、ついに人格から解放され、存在と一つになれる。絶対的な一人とは存在の無限な深みとなる。

神は人格ではない。なぜなら彼に反するもの、異なるものなどないからだ。神が「私」ということはできない。なぜなら神にとって「あなた」としての存在など、何一つないからだ。彼は誰とも関わりあえない。彼は〈全体〉なのだ。だからすべての関係性は彼の中に存在し、彼を越えては存在できない。もし神が人格でないとしたら、関係性という問題は生じない。もし悪が存在するなら、それは存在する。だが誰にもその責任はない。〈全体〉には、その責任を負うことはできない。なぜなら責任とは自我の別名だからだ。

存在は非自我、非人格だ。繰り返すが神とは、存在という意味だ。臨在と言い換えてもいい。あるいは大いなる自由でも結構だ。私には、神は存在するとはいえない。なぜならそれでは同語反復になるからだ。詩は詩であるというようなものです。

浄土真宗は親鸞の作り物？

――仏教と救いという関係については、あなたはどう考えられるのでしょうか？

和尚　少なくとも原始仏教においては問題にならなかったでしょうね。ブッダのメインテーマは空であって、救済ではないのです。しかしブッダは大勢の仏の前で法蔵菩薩を招介し、その本願は第十八願の全民衆救済にあるとは説いています。しかし後世においては、親鸞は大衆相手の阿弥陀仏（法蔵菩薩の変化体）を立てて、救済をメインに持ちだしました。しかしそれは死後救済の意であって現実の救済ではありません。ここに親鸞・真宗の大きな問題（必然的ではある）があり、報相阿弥陀仏を立てて、仏教を一段低くしてしまったのです。

しかし片一方で親鸞はこの世で「即得往生《そくとくおうじょう》」できると言いました。その意ではそこには何らかの救いはあり、それが「正定聚《しょうじょうじゅ》」の位につくということです。この「正定聚」というのは、この世で確実に浄土行きの切符を手に入れることができるということで、吉本隆明のいうように、仮身土というのは誤りでしょう。

しかも『無量寿教』に本願成就という経文があって、そこでもやはり庶民の往生を保証している。ところがその経文の読み方において、親鸞は独善的な読解をもって、第十八願の意味するところを自力から他力へと転換している。原文に「至心廻向」とあるが、通例は「至心に廻向して」と読むところを、親鸞は「至心に廻向したまえり」と読んで廻向の主体を、われわれ凡夫の自力によるとせず、仏においてこれを読んでいる。このことは「信心歓喜《しんじんかんぎ》」「至心廻向」「浄土欲生《じょうどよくしょう》」の三信成就の主体も阿弥陀仏にあることをもの語るものです。こうした強引曲解により浄土真宗は親鸞の作りものにせんとする意図もあったと言えるのです。

――僕がかねがね不思議に思っている疑惑は、第十八願では、法蔵菩薩が人類がみな救われねば、自分も成仏しないと語っているところです。それが明らかに人類は救われていないにもかかわらず、いつの間にか法蔵が阿弥陀如来として仏になっているところが分からない。

和尚　それが「教相判釈《きょうそうはんじゃく》」〔教えを再解釈する〕と呼ばれるものですね。仏教には八万四千とも数えられる法門があります。したがってどれが本当にブッダが語ったことかどうかわからなくなっています。古代の法門はブッダ一人であったものが、年を経るごとにブッダの本音は聞けないことになる。ブッダ入滅後の言葉でも記憶第一とされたアーナンダが語っている部分ですら、本当にブッダの説法かどうか怪しい。そこへ入滅後さらに数多《あまた》の判釈が割り込んできて、余計にそれが本当のブッダの言かどうか不明になっています。そこへ一介の人間にすぎない親鸞が心底からよりかかって、規定し直しているわけですから、大乗仏教の粋《すい》は本当に浄土真宗にあるのかどうか、分からないのです。

——浄土教の本尊阿弥陀如来の究極相は比喩として無量の光であり、智慧であり、空であるといいますが、この意見についてはあなたの考えと一致しますか。

和尚　その通りです。この世の〈存在〉は空から成り立っています。智慧でもあり、光でもあります。それは〈絶対〉に自己を明け渡すことによって成立する。明け渡しとは自我から無我への量子的跳躍なのです。たったこの一歩に、全旅程が含まれている。それはあなたから神への長い旅ではなく、たった一歩の旅です。あなたはゆっくりゆっくりと、徐々に神なるものに至るのではない。それは量子的跳躍です。ある瞬間あなたは闇の中にあり、次の瞬間光になる。そのためには必要なすべては自我をわきに置くことです。

明け渡しとは目を開けるということだ。明け渡しとは「私は全体から分離している」という誤った考えを捨てることだ。それは誤った考えなのだから、実際には何を捨てているわけでもない。自我は幻影だ。あなたは全体から分離してはいない。——もちろん分離しようとすれば、あらゆる惨めさが生まれてくる。それは本来可能ではないものだから。

すっかり空っぽになった時、時々刻々あらゆる方向と次元から贈り物が降りそそぎ続ける。人はいくら感謝しても足りることがない。〈存在〉の恩寵《おんちょう》には限りがない。帰依《きえ》〔南無〕はこの美と恩寵の体験から起こってくる。このような帰依はキリスト教のものでも、ヒンドゥー教のものでもなく、いかなる信仰、教義、聖職とも関わりがないのです。

ただしこの構成は浄土教と似ているようですが、私は阿弥陀仏という絶対神は認めない。この世に人格神などあり得ない。しかし浄土真宗においては、すべてが阿弥陀如来を軸にして転回している。私はその狭い回転軸をなくし、この世の存在を全面肯定することをもって回転軸とし、阿弥陀仏が窮極として意図する状態と同じ状態を作りだそうとしているのです。浄土真宗の実態は一神教的であり、同時にその弊害も抱え込んでいます。

色も形もあり得ない法性

——親鸞は仏のあり方を三つに分けて、「三身というのは一には法身（究極身）、二には報身（衆生救済の方便神）、三には応身（衆生対応の身）なり」と述べているが、事実上、二の報身が一神教的な役割を果たす仏身と見られている。それでいいのですか。

和尚　いやいけません。神も仏も空としての法身が真の神です。神は人物ではない。それは最大の誤解の一つだが、あまりにも長く世界に流布《るふ》してきたためにほとんど事実のようになってしまった。神は臨在であり、人物ではない。それ故にすべての礼拝はまったくの愚行でしかない。神には祈りではなく、祈りに満ちた状態が必要なのです。

対話は二人の人間の間だけでしか成り立たない。神は美や喜びのように、臨在でしかない。神とは単に神々《こうごう》しさのことだ。この事実故にブッダは神の存在を否定した。彼は神とは質であり、体験であることを強調したかった——ちょうど愛のように。愛に語りかけることはできない。生きるしかない。愛の寺院など建立しなくともいいし（そのことは親鸞も分かっていた）、愛の神像など作らなくてもよいものだ。そういった神像にぬかずくことは意味のないことですが、それが教会や寺院、モスクで起こっていることです。

人間は神は人物であるという印象のもとに生きてきて、それにより二つの悲劇が起こった。一つにはいわゆる宗教家が出た。彼は神は天上のどこかにいて、願いをかなえてくれるように、野心が成功するように神を説得しなければならないと考える。これは生活のまったくの浪費だ。その反対の極には無神論になるのが出てくる。彼らはある意味では正しかったが、別の意味で間違っていた。神の体験をも否定するようになったからです。

有神論者は間違っているが、無神論者も間違っており、人間はこの二つの牢獄から解き放たれるための新しいヴィジョンを必要としている。

——イスラエルの哲学者マルティン・ブーバは「祈りとは対話である」と非常にうまく説明して言っていますが、これは真実でしょうか。

和尚　それだとあなたと神の間には「我と汝」の二元性が残っている。神はいないというブッダの方がはるかに真実に近い。あなたはただ心《マインド》（自我）のおしゃべりを落とし、心《マインド》から抜け出す。あなたは限りなく静かになる。そこにはいかなる対話もありえないし、独白さえもない。さらに願いごとをする欲望はないし、かなえるべき野心もない。阿弥陀の究極の法身は、親鸞も言うように、「色もなく形もなく無相であって、宇宙一切に平等に遍満する法性そのものである」から、阿弥陀仏のような姿形を持った仏ではない。

人は今ここに在る。その静穏さの中、その平静さの中で、あなたは〈存在〉の持つ輝ける質に気づくようになる。その時、木々も山々も川も人々もみな微妙なオーラに包まれている。それらはみな四方に生命を放っている。さまざまな姿で現れる一つの生命だ。一つの〈存在〉が数限りない姿をとり、無数の花々となって花開いている。この体験こそが神（仏）なのであり、それはすべての人が手に入れることができる天性の権利だ。なぜなら知ろうと知るまいと、あなたはすでにその一部だからです。

――そういう言い方をされると、阿弥陀仏が唯一の絶対的救済者だという信仰には容易に納得ゆきませんね。果して阿弥陀仏は本当に救済者なのでしょうか？

和尚　ええ、そのような疑問が出てくるのは当然のことです。阿弥陀仏は確かに一面では人間救済者なのです。一面というのは半円的な意味合いで一面だというのです。しかし全円的な意味では決して救済者ではありません。なぜならば日本の哲学者田辺元も指摘しているように、阿弥陀仏は絶対者として相対者の衆生にはただ一方的な方向での救済しか行わない仏だからです。浄土教としては、こんな比喩は本当はおかしいのですが、仮に貧困の民が阿弥陀仏に「私は飢えています。どうかいくらかなりとお金を恵んで下さい」と念仏してきた場合、阿弥陀仏は簡単にお金を与えて救済してくれるかもしれません。

しかしその行為のついでに弥陀仏は、必ず「ただし私はあなたにお金を与えるだけなのですよ」と注文をつけるのです。条件付きの救済なのです。

これでは何の救済にもならないということではないですか。なぜならその貧民はいくらかのお金はもらっても、その金を使う自由というものがないのです。自分の買いたい品物を自発的に自由に買えないのならば、それは救済と言えるでしょうか? その貧民はいくばくかの金を得て、却ってこれまでよりも一層救済願望に駆られるでしょう。「どうか私にこの金を使う救済も与えてください」というように……。だからして阿弥陀仏というのは片端の救済者なのです。どんな問題に対しても片端の救済者でしかありません。

ですからこれは誇大な広告を出して、人をだましているのと同じ行為なのです。本格宗教とすれば間違いだらけで、一種の詐欺宗教だともいえましょう。その浄土真宗を世界的にも名高い禅学の鈴木大拙は、やれ「大乗仏教の粋」だの、「極致」だのと大いに褒めちぎっているのですが、私のような宗教者の目から見てもそれは大嘘だと言わざるを得ません。浄土真宗が真の人類宗教となるためには、そもそも仏教とは何か（宗教とは何か）というところから始まって根底から見直し、大革命する必要があるのです。

第二章　この世に信念・信仰・信心は不必要だ

全身全霊を要求する教え

――阿弥陀仏とは今日的に言えばフィクションです。この虚妄のフィクションを民衆に信じさせるためには今度は信仰が必要になってきます。

和尚　信とは元来は心を清浄ならしめる精神作用ですが、真宗では特別の意味合いを持ちます。親鸞は法然の弟子で、師の法然の言われた信心には、地獄にいかされても構わないと信じきっている。しかし現実には法然の念仏と親鸞の念仏とでは根本的な違いがあるのです。それは法然の念仏はいわば回数の多さなのですが、親鸞のそれはその背景には信心がなければならないとするものです。そこが決定的に異なる。

その精神を受け継いだ、覚如は『教行信証大意』の中で「真実の信というは、かみに上ぐるところの南無阿弥陀仏の妙行を真実報土の真因なりと信ずる真実の心なり」と述べているように、阿弥陀仏の本願によって必ず浄土に生まれることが可能と信じて疑いが晴れることを信というのです。それで浄土真宗では一般的な用語としての信仰を信心と言い換えているのですが、確かに信仰というよりは信心といった方が真実味があります。

しかしそんなところにもますます浄土真宗の独善性が見られるわけです。親鸞は自分の探究した結果としての宗教しか重んじません。そういう他の宗派を一切認めない宗旨は一神教の悪いところですね。ひたすら独自の宗派で他の宗派の勉強はすべて「自力雑修」〔自力の余計な修行〕として否定されてしまう。一方から見ればそれだけ純粋性があるともなりますが。

――しかし彼らの気がつかない錯覚もある。

和尚　それで信の続きですが、真宗では真実の法を教・行・信・証の四つに分けて説く時は、信は阿弥陀仏の四十八願中、第十八願に誓われた信楽《しんぎょう》に相応するものとされるのです。これが真実の信と言われるゆえんは、信とは決して右か左か判然としないものを右だ左だと信用するというようなものではなく、まったく衆生の能力を超えた阿弥陀仏の真実の心が衆生に領受されたものであるからだと説明します。つまり真実の信はまことの仏心をなるほどと領受する確信にほかならないのです。それが果して中正でしょうか。

これは誰しもが自分の言は左右のない中立真実としていても、他方から見れば相当な偏見と見えるのがあるのと同じことで、真宗のいう信こそ中正無比の信とは容易に信じきることはできません。そもそも土台としての真宗は、親鸞の言いだした難行としての自力宗教に対する他力仏教という特別の宗教であることによって証明されているではありませんか。これも一神教的な存在がなせる技ともとれないことはありません。

――一般的な信仰と信心とはどう異なりますか。

和尚 今も言うように、真宗では何を言っても、阿弥陀仏に関わってきます。信心とは阿弥陀仏の本願の由来を聞いて、間違いなく浄土に二度生まれすることができると信じ、その結果疑いが晴れることです。ただしこの信心が浄土往生のための正しい因であるとされるのは、衆生の能力によって自ら獲得された信ではなく、信心の本体は阿弥陀仏の衆生を救おうという真実の心にあるからだとされるのです。それだと仏の言というのは、逆上ってゆけば同時に人間の言葉でもあるのに、ここでも阿弥陀仏という架空の仏に証《あかし》を求めていることになります。親鸞の阿弥陀仏信心には、半ば病的なものがありますね。

覚如の『最要抄《さいようしょう》』には、「信心をばまことの心と読むうえは、凡夫の迷心にあらず。まったく仏心なり。この仏心を凡夫にさずけたまうとき信心といわるるなり」と述べている。その意味では信仰と信心とではえらい違いがあることがわかります。信仰にはどこにも信仰する特定の対象はありませんが、信心の方はただ弥陀一筋の信となります。

――いわば真宗の信心は全身的な信仰ですね。

和尚　その通りです。親鸞の信仰というものはなまなかのものではなくて、第一部でも述べたようにそれこそ本人が全身全霊をあげた信仰です。もともと浄土思想は中国から入ってきたものですが、その浄土教大成者は善導と言われます。善導の伝記の中で、熱烈な信仰のあまり、善導の説法を受けた者の中には、光明寺の柳の木から西に向かって、合掌して投身自殺するものもあったと言われ、それはある人ではなくて善導自身の話でもあるとも語られています。つまり死をも要求するほどの打ち込みの激しい信心が浄土教の信仰だということの証明になります。しかしここにはトリックが隠されています。

つまり全身全霊をあげた信仰なるが故に、その信徒の信仰は絶えず疑われる結果をもたらすことになります。毎日毎日それこそ時々刻々とされるほど信心が要求されることで逆に疑いの心も絶えず生じてきます。その疑いと闘いながらの信仰ですから、本物の信徒は文字通り悪戦苦闘しなければなりません。死をも要求するほどの信仰宗教はそれだけ熱烈な宗教でもありますが、疑いはいつまで経っても晴れないという現象を招きます。それが現実の浄土門における大問題なのですね。それほど固い入信者は到底出てきません。

信心は難きが中の難きもの

――その意味では信仰と疑いは対になっているわけですね。

和尚　そうなんです。宗教というものは信仰を要求してやまないものです。それが特別なのは真宗ということになるだけの話です。あなた方は昔から聖職者たちに「疑ってはいけない。疑いを捨てなさい」と言われてきた。だが、そもそもなぜあなたは疑うのだろう？　あなたが疑うのは欲望があるからだ。ブッダは問題の根をあなた方に明らかにしている。何も欲しがらなければ何も一切疑わなくてもよい。疑いをもたらすのは欲望だ。

これは素晴らしい洞察だ。これほどはっきり言明した人はほかにはいなかった。実際、ブッダより以前にそれを言った人はいない。欲望が信仰をもたらし、信仰が疑いをもたらすのだ。世の聖職者たちは「信じなさい。決して疑ってはいけない」と主張する。しかし人は信じる限り疑わざるを得ない。信仰の人は疑いを免れることはできない。

信じることに疑いがあることを、あなたが信仰することによって覆い隠している。疑いを信仰の美しい花で覆い隠している。だが花で隠している傷はなおらない。実際にはそれで、なお、あなたを危険なものにしている。それは内側で大きくなり、最終的には癌《がん》になる。そもそもなぜ信じるのか？　疑わなければ、信じる必要もないのではないか？

——疑わなければ、信じる必要もない。なるほどねえ。

和尚　ブッダのアプローチは常に根源的であり、問題のまさにその根にまで至る。信じるのは疑いがあるからだ。ではなぜ人は信じ疑うのか？　それは欲望を抱くからだ。

例えば、あなたは死後の生を信じ、疑いもする。信じることと疑うことがあなたの中で拮抗《きっこう》している。死後の生を信じるのは欲望があるからだ。あなたは死にたくないので、どんな聖職者でもあなたを喰い物にすることができる。「心配には及びません。ただ肉体が死ぬだけです。魂は永遠に生き続けるでしょう。魂は不滅です」と言えばよい。それをあなたはすぐさま信じたがる。なぜだろう？　それを探っても見もしないで。

一般人はなお知らない。自分では何も経験していないし、自らの存在の中に入ったこともないというのに。聖典のことは多少知っている。『聖書』や『コーラン』や『ギータ』を引用できるかもしれないが、それが何だというのか？　それを知っていても、魂の不滅を知っているわけではない。どんな根拠で話をしているのか？　キリストの権威に基づいてか？——ならばそれは借り物だ。クリシュナ〔ヒンドゥー教の主神〕の権威に基づいてか？——ならば彼自身のものではない。彼自身のものでない限り、そこには疑いがあるに相違ない。

自らの存在の中に体験が生まれてこない限り、疑いをぬぐい去ることはできない。

――信仰とは、それほど難しいものだということを親鸞は知らなかったのですか?

和尚　あなたのご推察の通り親鸞は、よっく信仰の難しさを知っていました。それは親鸞の主として晩年に書いた偈《げ》や和讃《わさん》〔大衆に分かりやすく平生語で仏を賛嘆した歌〕によって見るだけでも判然と知ることだけが可能です。例証しますと、

正しき信をうることかたし
　難きが中にも難しとおもえ
（『正信念仏偈《しょうしんねんぶつげ》』）

浄土真宗に帰依するけれど　真実心は持ちにくい
虚偽《うそ》でかためたわが身には　清い心もさらにない
（『正像末和讃《しょうぞうまつわさん》』）

――と大いに信心を持つ者の苦悩を語っています。そこにトリックがあります。

真宗にめぐりあうことがいかに難《かた》く
信をうることがいかに難いか

難中の難といっても、蓋《けだ》しこれ以上の難はなかろう

（『入出二門偈頌《げじゅ》』）

――ともいって嘆いています。しかしこれが真宗の実体なのです。これでは真宗の徒は日常は救われているのに、信徒の立場としては、阿弥陀仏を呼び出すために、いやでも自分の救われなさをみつけ出さなければなりません。それを救ってくれるのが、阿弥陀仏なのですから。これでは人の罪と真の信心とは、逆しまになってしまいます。

この関係は自分の大したものでもない自分の悪しきさがと阿弥陀仏の関係においても、同様の論理が応用されます。信徒は大した病人でもないのに、阿弥陀仏に救われたさゆえに願をかけます。そのことで治ればやはり阿弥陀様のお蔭ということになり、治らなければさらなる念仏をあげることになります。このことについてもやはり親鸞はその心をよく知っていて『教行信証』（『顕浄土真実信文類《けんじょうどしんじつしんもんるい》』）の中であからさまに打ち明けています。

「それにつけても知らされる悲しい愚禿《ぐとく》（自分の名）の姿よ。愛欲の広海に溺れ、名利《みょうり》の大山《だいせん》に惑い、信心の人となることを喜ばず、真実の証《さとり》に近づくのを楽しまない、恥ずべく、傷《いた》むべき親鸞の姿よ。思うに、仏（阿弥陀仏）が救いがたい人間について述べられたのは、私のようなものがあるためであろう」

自力と他力の低迷循環

——しかしこの信への複雑な疑惑と信心をうまく説明した人がいますね。

和尚　それはマルクス主義者の林田茂雄という人です。彼の結論的な論理を明かすと、阿弥陀仏というのは、どうにもこうにもならなくなった絶望と懐疑の境地において初めて救ってくれるのが、浄土信仰の強いところだというものです。

彼はそれを「疑えばこそ成り立つ信心」と言っています。というのは、自力信仰の無力さに絶望して他力信仰に移った。しかし移ったは移ったにしろ、そこで必ず救われるとはいうものの、念仏を称えれば称えるほど「ホントかいな」という疑いが生まれてくる。そこへ阿弥陀仏が急ぎ駆けつけてきて救ってくれるのである。そしてやはり「ホントだったな」という以前に増しての固い信心を得ることができる。これの繰り返しである。

これを長く続けると、今度はもう一段疑いの念は深くなって、絶望的にならざるを得ない。しかしこの不信の絶望をまで救ってくれるのが、真宗の慈悲と考えれば、またまた真宗のありがたさを知る。やはり真宗は絶対だというわけである。しかし絶望的疑惑はさらにその信徒を追いかけてくる。そこでまた悩みの再来を招くのであるが、この疑いの招きを免れぬ循環こそ真宗の構造となる。これでは他力と自力の繰り返し循環にすぎない。

――よくわかります。そこで林田茂雄が登場するわけですね。

和尚　そう、彼はこの堂々巡りの果てしない状況を知って、要するに阿弥陀仏はどのような状況にあっても、根気強く救済してくれるのが信心だということを知ったわけです。いや、それ以上に精神的に無限に深くて強い阿弥陀仏信心を知ったわけです。それが彼の言いたいことの真実である、と。これでは確かにいつまで行っても疑いは阿弥陀仏に救済される。その上論理として彼が考えたのは、この手のつかないような堂々巡りの論理の中にこそ、親鸞が獲得した強い真実信心を知るカギが在るのだというのです。

「これは信心そのものがすでに如来の恵みのたまものだ」という。いわゆる「他力廻向の信心」の考え方を現しているだけでなく、「真実の信心がないままで真実の信心に入れる」といういささか常識的な理屈では理解しがたい親鸞独特の体験が得られるとするのである。この独特の体験があればこそ、彼は至るところで「信心は不可能」という徹底的な絶望を述べながら、一方ではいたるところで「信心を得ることはむずかしい」という表現の中で、一筋の自力の活路は開けているのであると説明する。そのために活路を開け、難中の難といえども、真宗真実は「絶対不可能だ」とは決して言わない。

――そのような論理は親鸞自身が述べているのではないのですか？　『嘆異抄』の中で唯円が「私は口では念仏を申しておりますものの、心のうちでは飛び立つほどの喜びはおこりませぬ。従いまして急いで浄土へなど参りたいという憧れもありませぬ」と打ち明けて言ったところ、親鸞は「されば親鸞もこれについてはかねて不審をいだいていたのである。唯円坊よ、そなたもちょうど同じように悩んでいる」と言った。続けて唯円は「しみじみ考えてみれば、救われないはずのないものが救われるということは、欣喜踊躍《きんきゆやく》しなければならないはずである。この喜ばなければならないのに欣《よろこ》ばないのが救われるのだ。それ故に往生は間違いないのである」「もし却って飛び立つほどの喜ぶ心があったり、急いで浄土へ参ろうとすれば、煩悩がないのではあるまいか。従って本願に洩れはせぬかと疑わしく感じられることであろう」と実感的な感想を洩らしています。

和尚　林田茂雄もその文章は取り上げていて、分かるのだが、林田の理論は確かにこの部分にヒントを得て延長解釈したものでしょう。しかし、君、この明快な林田の文章も何やら変だと思えるところはないかね。というのは、このような自力より他力という文章では、これは永遠に循環低迷する論議であって、結論を言えばどんな解決もあり得ないことになる。論争に勝つには、ルールがあって要するに、どちらの足を軸足としておくかという仕方で決まるのです。論者が自力に足を置いていれば、どこまでも疑いを提出して遂には他力者も根負けして、自力者の勝ちとなります。

反対に、その人が他力に魅力を感じていて、阿弥陀仏信仰の人であれば、「その疑いを持ったままの姿勢で阿弥陀仏が救ってくれるのだ」となります。これはどこまでいっても勝負のつかない話で、最後の最後まで阿弥陀仏の救いを信じている人は根気で他力宗教を勝利に導くことができるのです。これだとお互いの信は体力勝負となります。つまり性格的に執拗で体力もあり、負けず嫌いの人が、最後の勝利者ということになります。

そこでこの論争は一旦止めにして、一服してからまたやんべえということになる。それで林田の結論は、「疑えばこそ成り立つ信心」というのも合理的解決のように見えて、決して合理的解決と言われるものではないということが分かることになります。

信念・信仰は絶対に信じない

――とすれば、この自力と他力の両極の対立はどのように解決しますか？

和尚　それはこの世の対局の解決に沿って結論を出すことである。生には何れも二つの対極がある――その根源的な対極は瞑想と愛だ。これが究極の極性だ。生はすべて対極から成り立つ。陽性と陰性、誕生と死、昼と夜、夏と冬――。だがこの対極は単に対極ではなく、それらは相補うものでもある。それらは互いに助け合い、ちょうどアーチを組み立てているレンガのようなものだ。互いに対抗しあっているようだが、真実は対置の極性に依存している。

またあなたは瞑想で息を吸い、愛では息を吐く。この愛と瞑想が一緒になって、あなたの呼吸は全一的なものとなる。私の理解では一方の極だけに根ざさず、真理を両面から味わっている。私は全一に愛したし全一に瞑想した。人はその両方を知って初めて全体になるのです。そうでない限り、人は半分のままだ。聖者といえどもこの理屈通りではない。ブッダは半分であり、イエスも半分だ。ブッダは瞑想、イエスは愛、もしも二人が出会ったなら、彼らが意思を通じあうことはほとんど不可能だったろう。

そのためにはブッダは中庸が必要なものだと重んじた。しかし中庸はサーカスの綱渡りに見られるように、芸人は絶えず動くロープの真ん中に立てるように訓練をしている。

親鸞の宗教においてもこれに見習わなければならない。自力と他力、これは一方の破局から、他方の破局に移ったということにほかならない。両者は総合的であらねばならない。そもそも他力は自力があって初めて生まれたものだ。それ故に一極（難行の自力）が落ちれば、他極（易行の他力）も落ちる関係にある。それが全一性の関係だ。したがって自力、他力両方兼ねての合意点で手を結ぶことである。哲学者・田辺元氏は「念仏禅の必要」を提唱しておられるが、その視点は必ず見つけることができるに違いない。

――仏教の特色は差異に在ると言われますが、その逆をとるということですね？

和尚　差異は差異で認めて、ここではその上での話です。で、信頼の話ですが、真の信頼は信仰ではない。それは体験だ。神は体験されねばならない。自分が体験するまでは決して信じてはいけない。一旦信仰が入ると、それはあなたを汚染するからだ。神は在るのだから、すべての信仰を捨て去りなさい。なぜ信じるのか？　なぜ体験しないのか？

私は学校の教師ではない。私はあなたに教義も哲学も与えない。私は単なる目撃者にすぎない。私は「私が体験したのだから、あなたも体験できるだろう」というだけだ。

信じる必要などまったくない。かつて私は頑固な無神論者だったが、一度も神を信じたことがないのはこの上もない幸運だった。もしも信じていたら、知ることは決してなかっただろう。私はとても懐疑的な人間だったから、誰も尋ねないようなことを尋ねた。私は相手の人物の実在を疑いさえした。相手は本当にここに存在しているのか、単なる夢ではないのか、と。なぜなら時に夢を見ている時に、誰かがそこに現れるからだ。

だが、私はこのようにイカレていて幸せであった。なぜなら何一つ信じられなかったお蔭で、私は自由、完全に自由だったし、その自由の中で何かが起こったからだ。その完全な虚空《こくう》の中で、何かが彼方からそよ風のようにやってきた。それを見ることはできなかったが、感じることはできた。そのさわやかさを感じ、かぐわしい香りをかぎ、私は変容を遂げた。私は今でも信仰者ではない。なぜなら今や私には神は確実なものだからだ。
もはや私は「神は存在する」とは言わない。「神よりほかに何も存在しない」と言う。

――信仰の役割についてもう少し説明してください。

和尚 信仰というものは真理の否定であり、真理を妨げるものです。神を信じることは神を発見することではない。なぜかというと、「真の実在」は未知のものだからです。そしてこの未知のものに対するあなたの信仰や不信は、単にあなたの自己投影にすぎません。それではまず最初にあなたはなぜ信じるのでしょうか。それがあなたに満足や慰安や希望を与えているので、あなたは信じるのです。生活に意味を与えているといえます。

しかしその一方で他人を搾取したり、殺したりしています。金持ちも教会を建てたり、博愛主義者になったりします。それが宗教戦争につながっているのです。そこでは宗教と俗世界では、完全に矛盾しています。私たちは皆それぞれ、いろいろなものを信じていますが、あなたの神の信仰は、あなたの単調で愚昧《ぐまい》で残酷な生活からの逃避にすぎないのです。その上信仰は必ず人間を分離させるのです。すなわちヒンドゥー教徒、仏教徒、キリスト教徒といった具合にです。それに創造性というものもストップさせてしまいます。

神とは言葉ではありません。言葉は実体ではないものです。計ることができず、時間に属するものでもないものを知るためには、すべての思考や神に関するすべての観念から解放されていなければなりません。ということは、すべての思考や神に関する観念から自由でなければならないという、意味なのです。神や真理についてあなたは何を知っているのでしょうか。あなたは「真の実在」について本当は何も知らないのです。

自我が上層の部分だけでなく、根本的に、つまり意識の表面とその下の深層において、完全に制止した時、その時にのみ未知のものが顕現《けんげん》するのです。また努力の産物でもない、静寂が存在する時、初めて無限で永遠のものが到来するのです。その状態は記憶や念仏の状態ではない。そこには記憶したり、経験したりする実体が存在していないのです。

真理は信頼の中にこそある

――あなたは世間にあまり馴染《なじ》みのない「信頼」という言葉を使われますが。

和尚　「信頼」というのは神秘的なものだ――それが「信頼」が理解されるべき第一のことだ。だからそれを説明することはできない。私はあなた方にそのいくつかの手がかり、月を指し示す指、いくつかのヒントを与えることはできるが、それを説明したり定義したりはできない。

誰もあなたに「信頼」を授けることはできない。「信頼」はあなた自身の魂の中に見つけられなければならない。それは教典から借りてくることはできない。

それは愛（愛に瞑想をかけたものが慈悲だ）の最高の形であり、愛の本質的な核だ。愛そのものが神秘的で定義できないものだが、愛を円周とするなら「信頼」はそのまさに中心、その魂だ。愛は神殿のようなものであり、「信頼」はその神が鎮座する最も奥深い社《やしろ》だ。人間に則して言えば、愛とは自我の超越だ。宗教的な生は自我をもたらして愛を破壊する。非宗教的な生は情欲をもたらして愛を破壊する。これが二つの極端だ——自我と情欲。この二つの真ん中に愛がある。それは自我でも情欲でもなく、両者の超越だ。

——信頼と信仰はまるで異なるということでしょうか？

和尚　そう、人々は普通信頼は信仰だと考える。それは間違っています。信頼は信仰を意味しない。信仰は熱情的であり、感情的であり、感傷的です。それはまた信仰は狂信者を作りだす。ヒンドゥー教徒、イスラム教徒、キリスト教徒、彼らは信仰を持つ人々だ。信頼はただ宗教性の質だけを作りだす。信頼は決して誰かをヒンドゥー教徒やイスラム教徒やキリスト教徒にしたりはしない。信仰は借り物だ——両親から、あなたが生まれた社会から借りてきたものだ。信仰は本質的なものではない。あなたは恐れ故に、または私利私欲故に信仰に生きるが、愛故に信仰に生きることはない。信頼は愛故のものです。

信仰は利己的であり、それ故に狂信的だ。信仰は借り物であり、それ故に醜い。信仰は束縛であり、あなたはその微妙な策略によってそれに入るように強いられてきた。しかしそのようなものは信頼とは言えない。信頼は他の精神と全面的に異なった現象であり、異なった味わいを持っている。そして信頼はあなた自身が成長することによって、確立される。それはあなた自身の体験であり、あなた自身の知なのです。要約すれば、信仰は条件づけを通して起こるが、信頼は条件づけがないことを通して起こるのです。

それで人は信頼を達成する前に、信仰を落とさねばならない。

――そうすると疑いはもろ刃の危険な剣だということですか？

和尚　同じことです。次に覚えておかねばならないのは、信頼は信念でもないということだ。信念もまた疑いを抑えるための心のトリックだ。信念と知識に関するこの問題は、実際、非常に興味ある問題です。私たちは何と数多くの信念を持っていることでしょう。しかしながら知的で教養が高く、また「精神的」であればあるほど、それに比例してその人の理解力は減少していくものなのです。注意深くて機敏な人間ほど、容易にものごとを信じないものです。そういうわけで、信仰や信念は人間を束縛し、孤立させるのです。

人間は多くの疑い、無数の疑いとともに生まれてくるが、それは自然なことであり、それは神の贈り物だ。疑いは神の贈り物だが、しかしそれはあなたにトラブルを作りだす。もし疑い始めたら……。疑いは剣だ。それはすべての信念を断ち切るが、それは危険な道だ。真理は究極の頂であり、真理への道は危険なものにならざるを得ない。エベレストの高みへ登ってゆくと、あなたはさらに危険な領域へと入ってゆく。

あなたがもし疑い、疑い続ければ、あなたがこれまで信じてきたすべてのものが消え、蒸発してしまう瞬間がやってくる。それはほとんど狂気の状態だ。人はいついかなる瞬間にでも自分を取り巻いている深淵に落ちてしまうかもしれない。もし落ちたら、それは精神を崩壊(ブレイクダウン)してしまう。もし敏感に気づき、注意深く、慎重でいられたら、それは神聖なる突破(ブレイクスルー)という行為になる。

——やはりどこまでいっても自我と無我の問題となるのですね。

和尚 自我が消え去るという恐れはごく漠然《ばくぜん》としたものだが、あなたが自我に同一化しているせいで、それはまるで自分が消えてなくなるように感じられる。あなたが消えてなくなるわけではない。自我が消えるに任せるなら、そこで初めて真のあなたが現われる。自我の命はあなたの命ではない。自我は寄生虫だ。それはあなたを食い物にし、あなたの養分を吸い取っている。それはあなたの血を飲み、あなたの魂を食べている。

そしてそれが行ってしまった時、あなたは初めて自由に生きられるようになり、初めて自分自身を感じるようになる――自らの存在がそこにあるのを感じる。それ故信頼は究極の突破だ。それはあなたが自分自身で真理を知るのを助ける。流れる血液の中の自我というブロックを溶解する。そして真理はそれがあなたのものであることによって、初めてあなたや他人を解き放つことができる。ほかの誰かの真理は誰も解き放つことができない。

人間の自我というものは、束縛よりほかには何も作りださないものです。しかし日常生活で自我をどうしても使わなければならないとあれば、それを方法として使用したらよろしいでしょう。だが、どんな自我の使用人でも、それは無我という主人公が使っているものであることを忘れないでください。

第三章　念仏は自己同一化のための自己催眠

ニセと本物の二つの念仏

――僕は十年ばかり前にウツ病を患ったことがあります。完治するのに二年半ほどかかりました。その最も調子が悪くて猛烈に苦しんでいる折に、母がこれを飲んで仏様にお参りしろといったのです。それは六、七ミリ幅の長さ三センチくらいの紙の護符で、表には「南無阿弥陀仏」と墨書してありました。それを母に言われるがままに、丸めて飲み、仏壇に真剣になって「南無阿弥陀仏、南無阿弥陀仏」と称えました（因みに我が家の宗旨は真言宗です）。するとまたたく間にウツ病特有の真っ暗な不安感が飛んで行ってしまい、心は安らかになりました。その時初めてマントラ（真言《しんごん》・呪文《じゅもん》）の利《き》き目を知ったのです。マントラ＝お念仏もそうですが、そうした利き目は本当に存在しますか？

和尚　場合によっては本当に利き目があります。マントラというのは、理解されるべきとても特殊なものです。それは一つの呪文、不思議な文句を言う。それは何であれ、あなたが持っているいると思うものは本当にはそこになく、何であれ、あなたが持っていないと思うものがそこにあるという現象を示します。ただし問題が本物でない時、魔法の文句が必要になります。それで病的精神は一発で治癒されると言います。

それは例え話で言うと、幽霊に毎日さんざ悩まされている男がいた。それでグル（導師）に相談して、グルにマントラの入った小箱をもらうと、いっぺんにこわくなくなった。お化けゼロ。しかし今度はその小箱に捕らわれて、毎日が気が気じゃない。小箱がなくなるのを恐れて狂わんばかりになった。そこでもう一度グルに相談すると、グルは「今度はもう一つの別のマントラをあげよう。この箱は捨てなさい」と言った。で、男は心配になったが、グルはこういった。「こんな小箱はただのナンセンスだ。お化けなんかもともといやしない。この箱が役にたったのはそのせいだ。そんなものは捨てなさい」

マントラとは、本当にそこにない物事を取り去る一つの呪文だ。例えば、マントラはあなたが自我を落とすのに役立ってくれるだろう。自我というのは一種のお化けだ。だからこそ私はあなた方に言うのだ。「私がここにいるのは、あなた方がもうすでに持っているものをあなたに与えてあげることであり、あなたが一度として持っていたことがないのに、持っていると思っているものをあなたから奪うことだ」と。

したがってマントラとはただのトリック。あなたのお化けを落とすのを助ける一つの策略にほかならない。一度あなたがそういうお化けを落としてしまったら、その時にはマントラも落ちざるを得ない。お化けは嘘、お念仏も大嘘なんです。

しかし続けてブッダは言った。「このマントラがあなた方の障壁のすべてをとってくれるだろう。それはあなたに〈無〉だけを与えてくれるだろう」「その無の中で、真実がわき上がってくる。そこには何一つ妨害するものがないからだ。それにつけ足すものは何もないし、これ以上改善する可能性も何一つない」と。無こそ最大のマントラだ。

――無こそ最大のマントラ?

和尚 ブッダは『般若心経』において、最後に「羯諦《ぎゃあてい》=往《ゆ》けり」(前進)を四回使う。人間の成長の段階、鉱物圏、生物圏、精神圏、キリスト圏の四つを超えてゆくためだ。二回目の「往けり」は生命から、生と死の車輪から往けりの意だ。三回目の「超えて往けり」は心から、思考から、自我から往けりの意だ。四回目の「すべて往けり」は超えたるもの、キリスト圏さえも超えての往けりである。今や、彼は創造されざるものの中に入り込んでいる。生命が完全な円を描いている。これはオメガ点であり、アルファ点でもある。

ただしこのマントラ「往けり、往けり……」は繰り返しても無駄だ。そんな繰り返しは役に立つまい。このマントラはただ繰り返すためのものじゃない。これは理解されるべきものだ。行文最後の「スヴァーハ」は究極のエクスタシーの表現だ。それは「ハレルヤ」と同じこと、それは喜びの大感嘆符だ！　この数語に彼のメッセージを込めている。

――世間のマントラはみな虚偽、マントラの神髄に迫っていますね。

和尚　ちょっと自分が誰だか見てごらん。そして信条やイデオロギーや経典や知識に騙されないこと。すべて落としてしまいなさい。無条件に落とすのだ。あなたがあなたの実存の中に持ち込んでいるすべての家具を下ろしてしまいなさい。そこを「空き室」にするのだ。その空き室があなたに真実を明かしてくれるだろう。

その認識の中でひとりでに「スヴァーハ！」「ハレルヤ！」が溢れ出る。大いなるエクスタシーが、歌となって、ダンスとなって、静寂となって。また創造性となってほとばしり出る。そしてこれから何が起ころうとしているかは決して分からない。イエスはイエスなりの仕方で、ブッダは彼なりの、ミーラは彼女なりのやり方で表現する。

ある人は踊る。言葉ではどういっていいか分からないのだ。絵を描く人、彫刻をする人もいるかもしれない。そこには人の数だけの表現がある。だから決して人の真似などしないことだ。ただあなたは自身の表現があなたを支配するのを見守っていればいい。あなたのスヴァーハ、あなたのハレルヤを――。真にあなたのものにしなさい。

念仏称名とは自己催眠法

――僕は真宗王国、富山の出ですが、母の実家には仏間というものがあって、お婆さんが毎朝かかさず念仏お参りしていました。そのお婆さんの後ろには家族四、五人が控えて同じく称名を称える。それはいかにも和合的で豊かな雰囲気に感じられましたね。

和尚　マントラの一つである「南無阿弥陀仏」の南無は帰依《きえ》の意味、つまり阿弥陀仏を絶対に信頼しますの意ですね。六字の名号《みょうごう》とも言う。この名号を称えることを称名《しょうみょう》念仏といいますが、元来仏教での称名は仏に対する帰依を表明するものとされているから、その原型は仏、法、僧の三宝への帰依ともなる。その帰依の姿はあなたの言う通り、家族みなそろって行うことで美しくも見える。しかし一方では膿《う》んだ和合美とも言える。

浄土教が成立すると、称名は仏徳を讃える意味があるとされ、仏道修行のうち最も簡易で利益の多い行として行われるようになった。すなわち易行としての念仏である。また称名には、仏や浄土の姿を見るための前段階（幻覚視）という意味があり、称名によって心を集中化させて三昧《さんまい》（安定）を得、これにより往生を得るという考え方も生まれた。

——諸罪の消滅の意味もあるといわれますが。

和尚　さらに『観無量寿経』に「汝、仏名を称するが故に、諸罪消滅す」と述べられているように、称名には罪を除滅する利益があるとも言われる。

真宗では、称名が浄土往生の正印となるのは、称える衆生《しゅじょう》〔民衆〕にその力があるのではなく、称えられる名号そのものの仏の願力が行として満足されているからであるとされる。すなわち煩悩具足《ぼんのうぐそく》の凡夫がいくら念仏しようと、それ自身には何の功徳も利益もない。念仏とは仏の本願が名号として衆生に廻向《えこう》〔巡らす〕され、これを衆生が信心として領受する時、信心の自然の発動として口に現れたものであるから、往生の因となり滅罪の功徳を有するのは、仏の側であって、衆生にはない。衆生にとっての称名は、ただこの仏の救済行に対する報恩の意があるのみである。『教行信証』行巻に「称名はすなわち是れ最勝真妙の正義なり」と示しながらも、同じく行巻に「称名は必ず生を得。仏の本願に依るが故に」とあるのはこの意味であるとされている。この点を連如の『御文（章）』には、「たとい一期《いちご》の間申す念仏なりとも仏恩報謝の念仏と心得べきなり」と述べている。

——それは表に表明された浄土真宗であって、実際の浄土教信仰の信徒には、いろいろ疑問があります。富山には「親鸞会」という同朋の自主サークルがありまして、小冊子など発行して、さまざまの問題で本願寺と対立していますが、『どちらがウソか』という冊子では念仏についても争っています。その会の主張によれば要旨次のようなことです。

本願寺の指導僧は、自力の念仏と他力の念仏とを区別建てしていない。むやみやたらに念仏ばかりを勧めているから同行大衆は、ただ「南無阿弥陀仏」と称えてさえおればよいのだと思っている者ばかりではないか。それに対して本願寺は、「自力の念仏は化土《けど》（浄土の辺地）にとどまり、他力の念仏こそ真実報土に往生すると説いています」と両者の区別を教えている。しかし本願寺の布教使《ふきょうし》の多くはそれを明確に説いていません。

長年、寺参りしてきた同行衆に尋ねても、教えられたこともなければ、聞かされたこともないという人ばかり。それもそのはず、尊いお念仏に自力も他力もあるものか、お念仏はみな同じだと放言する布教使がほとんどだからです。そもそも本願寺は、救われても救われたことがハッキリするものではないと言っているのですから。救われた嬉しさに称えずにはおられない他力の念仏など、分かろうはずありません。本願寺の念仏は、明らかに自力の念仏ですが、彼らはその自覚さえもないのです。教義の通り自力の念仏と他力の念仏の水際を教えようとすれば、阿弥陀仏に救われない前と、救われた後との信前信後の水際をハッキリ教えなければなりません——と、このように本願寺に迫っているのです。

和尚　そのような事実一つでも本願寺の布教使の水準は分かりますし、信徒の水準も同様に判別することができるのですが、そもそも念仏自体が愚昧《ぐまい》なるマントラにすぎないと言うことが分かっていません。人は言葉というものを恐れねばなりません。かのヒトラーは、「大衆は、同じことを、繰り返し繰り返し教えられることで初めて信じるようになるものだ」という有名な宣伝効果のあがる秘術を教えていますが、「ナマンダブ」も同じです。いくらお念仏の抽象的内容を教えられても、大衆は容易に納得しません。

繰り返すことです。繰り返しすることで、信徒は何となくありがたくなってきて、次第に「南無阿弥陀仏」と自己同一化できるのです。この南無阿弥陀仏と本人の自己同一化を防がねばなりません。距離を作ることです。それで日毎繰り返すことによる念仏は、「自己催眠」にかかっている証拠とも言えますね。自分で自分の信性を勝手に作りあげているのですから。阿弥陀仏は関係ありません。お経でも日本では和訳教典というものを称えませんが、あの漢字ばかりの中身がちんぷんかんぷん分からない読経が、かえって信徒の魅力を引きつけるといいますね。信徒には念仏の中身がわからない方がありがたいのです。

祈りとは俗物の物乞い姿勢だ

――阿弥陀仏を信ずるには、まず自身が信心的でなければならないし、信心的であるためには、媒体（南無阿弥陀仏）を通じなければならない。その挙げ句にやっと浄土へ成仏することが可能になるというのが、親鸞真宗の大まかな構造ですが、しかし現実の阿弥陀信仰や他力念仏は親鸞の言う通り「難中の難」の話です。

そもそも口称念仏は外向的な筋肉運動ですし、阿弥陀仏への報恩のヴィジョンは内向きのものですから、これを一度に融合して称えることは生理学的にいってまったく難しい作業ですね。二つを同時にやろうとするといつの間にか、口称だけの自力念仏になります。

その意味で親鸞は難行としての自力信仰から同じく難行の他力信心に移っただけで、結論的には何にも解決されていないことになる。では祈りと瞑想についてはどうでしょうか。祈りと瞑想は易行中の易行ですが。

和尚　確かに人間の根源的な救済法というのは、すべて難中の難の修行です。現代のメディテイション（瞑想）と言えども、私は現代人に向くように音楽にのって飛んだり跳ねたり踊ったりするような現代禅とでも言うべき数多くのわざを発明しましたが、それでも超越的に人間変革できるものはなかなか少ないのです。しかしそれは生の人間の生理に基づいたもので、一定の科学的根拠はあります。それは役には立つものです。

そこにはただ坐って両腕を左右に回しているだけのものやひっきりなしに笑っているだけの手法があったりします。これは親鸞に比して一層易行中の易行による手法です。

しかしあなたが言う祈りと瞑想はさらに易行中の易行ですね。しかし祈りと瞑想とではまったく違います。祈りや礼拝の中には、あなたが「神」とか「真の実在」と呼んでいるものに対する祈願や祈禱や懇願があります。個人としてのあなたは神と呼ばれているものの手引きを始終要求し、嘆願し、懇願し、探究しているのです。したがって、あなたの近づき方は、報酬や満足を求めるのと同じです。いわば物乞いの手法です。

あなたは社会的、個人的な問題で頭を痛めています。そこでその手引きを求めて祈禱するのです。この中には、神が、あなたと私が生み出した混乱をきれいに片づけてくれるだろうという意味が含まれています。結局、混乱、悲惨、混沌、暴虐、愛の欠如などを生み出したのは、私たちなのです。そして私たちはいわゆる神にそれを一掃してくれることを期待するのです。他人に大掃除を依頼するわけですから、ずいぶん虫のいい話です。

——でも、祈れば叶《かな》えられるものもあるものですから……。

和尚　確かに。あなたが祈ったり、何かを懇願したりするものは、叶えられるものかもしれません。しかしあなたが得るものは秩序をもたらさないのです。なぜかというと、あなたの得たものからは明晰さや理解は生まれないからです。それは満足感だけで、理解をもたらすことはないのです。というのはあなたが何かを要求する時、あなたは自分で投影したものを得るからなのです。「真の実在」や「神」はどうしてあなたの特殊な要求に答えることができるでしょうか。神は測ることもできず、言葉で表現できないものが、私たちの生み出した些細《ささい》な心配や不幸や混乱に関わることができるでしょうか。

私たちが祈禱《きとう》している時は意識的で相当感受性も強まっています。そういう時、私たちの潜在意識が一時的な明晰さを生むのです。あなたの活動的な精神も比較的静かになっています。そこで無意識がその精神に投影され、あなたは答を得るわけです。しかしそれは「真の実在」や測ることのできないものからの答ではないのです。それは、あなた自身の無意識の反応なのです。またあなたの祈禱が答えられた時、あなたは「真の実在」と結合したと考えてはいけません。「真の実在」(阿弥陀仏)は女性的で受容的態度のあなたのところへやって来るものであり、あなたがそこへ行くことはできないのです。

——まだ祈りについての注意点がありますか?

和尚　この祈りの問題にはまた、集中の問題がある。私たち大部分の者にとって、集中とは排除の過程なのです。集中は努力、強制、命令、模倣というようなものを通してもたらされるのです。そういうわけで集中は他の排除の過程なのです。私がいわゆる瞑想に関心があるとします。しかし私の思考は散漫です。そこで私は精神を一つの絵やイメージや観念の上に仮託《かたく》させせ、すべての思考を排除するのです。ファシズム的に……。実際、浄土真宗ほど排他的な宗教は他にはありません。何しろ念仏一本槍で、自空の基盤である「浄土三部経」を読誦できないのですから。

このような集中の過程——実際は他の排除なのです——が、瞑想するために坐った時、あなたは精神をある一つの言葉やイメージや絵に集中させようとしますが、その時、精神はあちこちにさまよっています。その間中絶え間なく、他の観念や思考や感情が妨害するので、あなたはそれらを押し退けようとするのです。あなたは頭の中に浮かんでくるいろいろな思考と戦いながら時間を費やしているのです。そしてこの過程をあなたは瞑想と呼ぶのです。つまりあなたは興味がないものに精神を集中させようとしているのです。

あなたの思考というものは、妨害し続けるのです。そこでそれを排除することにエネルギーを費やしてしまう。そしてもしあなたが選んだ一つの対象に精神を集中することができた時、あなたは遂に瞑想に成功したと思うのです。だが、明らかにそれは瞑想ではありません。瞑想はそうした排他的なものではないのです。

祈禱《きとう》は瞑想ではなく、排除のような集中もまた瞑想ではないのです。

瞑想とは目撃者、凝視、観察者

――それでは瞑想とは一体何でしょうか?

和尚　瞑想の実技はただ見つめているだけのものですが、精神的に言えば理解することです。心の瞑想は理解することです。排除のあるところに、どうして理解が生まれるでしょう。また祈禱や懇願をしている限り、どうして理解することができるでしょう。理解の中には平和と自由があるのです。それであなたが本当に理解したものからあなたが解放されるのです。ただ単に集中したり、祈ったりすることによって理解は生まれません。

理解とはすべてのものに正しい意味と正当な価値を与えることです。正当な価値が確立されている時にのみ、理解が生まれるのです。では、この正当な価値――例えば所有物や自他の関係や観念などの正当な価値は、どのようにして確立されるのでしょうか。

あなたが「思考する人」――それは私自身です――を理解しなければ、私が選ぶものは意味がないのです。つまり私が自己自身を知らなければ、私の行為や思考には何の根拠もないということです。それは本や権威者の指示などからきた知識ではなく、自己研究――すなわち自己目撃――を通して生まれた知識のことを言うのです。瞑想は自己認識の始まりですから、自己認識(目撃または凝視)がなければ瞑想は存在しないのです。

瞑想の出発点は自己の内面目撃です。そしてこの自己目撃は、思考や感情のすべての動きを観察し、表面的な上層ばかりでなく、奥深いところに隠れている下層の活動も含めてあらゆる意識を知ることです。隠れた動機や反応、思考、感情を知るためには、それによって自身の活動を理解し、それを注意深く観察し、凝視《ぎょうし》し、同時に召使や妻や隣人の母の話し方を見つめることで精神は自然に静かになるのです。瞑想とは流れの目撃者です。

——それでは瞑想の具体的な方法とはどのようなものでしょうか？

和尚　瞑想は極めて単純なプロセスです。必要なのは正しいボタンを押すことだけ。インドの聖典『ウパニシャッド』はそれを「目撃」と呼んでいる、それが正しいボタンだ。ただ自分の心のプロセスを凝視し、後は何もやってもいけない。何一つなされる必要がない。ただ目撃者、観察者、見守る人になり、心の交通を眺めていなさい——各種の自我断片——思考が通りすぎる、そして欲望、記憶、夢、幻想も——。その際超然として、冷静でいなさい。どのような裁きもなく、非難もせずに、「これはいい」「よくない」と言うこともなく、見守り、見つめていなさい。自分の道徳的な概念を持ち込んではいけない。

そうでないと、あなたは決して瞑想することはできないでしょう。

私がいわゆる道徳なるものに反対するのはそのためだ。それは反瞑想的だ。なぜならいわゆる道徳的な人は自分の道徳的な考え、べきとかべきでないで一杯なので、見守ることができないからだ。彼らは単に見守ることができない。彼は結論に飛びついてしまう——「これは正しくない、これは正しい」と。何であれ自分が正しいと感じるもの、彼はそれにしがみつきたがる。何であれ間違っているとするもの、彼はそれを投げ出したい。彼は思考の中で飛び跳ね、喧嘩《けんか》を、摑《つか》み合いを始め、そこですべての目撃を失ってしまう。

目撃とは単に超然として観察、偏見なしに見守ることです。それこそ瞑想の秘訣にほかならない。それは単純だ！　他力の念仏が難中の難なら、瞑想は「易行中の易行」だ。恐らく修行の中で、これ以上易しい修行はあるまい。一旦そのコツをつかんだら、それは世界で一番簡単なことだ。なぜならどんな子供もその「無垢《むく》」の中に生まれるからだ。

瞑想は少しも新しいものではない。それに比し心は新しいものだ。瞑想はあなたの本性そのものだ。どうして難しいことがあろうか。ただそのコツさえ分かればいい。

——では、見守る人とはどんな人ですか？

和尚　瞑想とはただ現れていないものに波長を合わせることだ。肉体はそこにあり、あなたはそれを見ることができる。心はそこにあり、それも見ることができる。眼を閉じれば、あらゆる活動をしている。しかしそれを目撃凝視することで瞬時にして四散する。

一つ確かなのは、見守る人は心ではないということだ。心の活動は意識的になっている者、それは心の一部ではない。見守る人は分離し、目撃者は分離し、この目撃者に気がつくことこそが本質的なもの、中心にあるもの、絶対的なものだ。心は次々移ってゆく。だが何かが常に同じだ、決して変わらない。それは見守る人、目撃者だ。その目撃者を見つけることが、神を見いだすことだ。なぜなら目撃したあらゆるものは自我の断片ですが、その断片は飛んで、飛んで、終いには遂に空っぽの〈無我〉の状態となるからです。

川のほとりに坐って、川が流れてゆくのを見守りなさい。時には流木が流れすぎ、時には舟がやってきて、時には死体が流れてゆき、時には美しい女性が川の中で泳いでいるかもしれない――あなたはそれをただ見守り、何も気にせず、冷静なまま、興奮したりもしないのです。何もすべきではないし、すべきことは何もない。川のことは川に任せておくがいい。それで静かにじっと坐っていると、少しずつそのわざが飲み込めてくる……そしてある日、あなたの見守ることが全面的なものになった時、心《マインド》（自我）は蒸発している。

神仏への真の念仏は沈黙

――それでは神との直接的な対応とはどんなものでしょうか？　あなたは阿弥陀仏、信仰、マントラ〔呪文〕等はみな否定されましたが……？

和尚　私はただ一つの祈りを知っている。それは絶対的な沈黙だ。何かを言ったとたんに、あなたはその神の意を壊《こわ》してしまう。だから教会、寺院、モスク、シナゴーグ〔ユダヤ教の礼拝所〕の中で行われている祈りは本当の祈りではない。なぜならあなたは何かを言っているからだ。この宇宙の存在の〈全体〉に向かって何を言うことがあるだろうか？――〈全体〉はすでにそれを知っている。私たちがそれを知る前に、〈全体〉はそれを知っている。神に向かってあれこれと言い立てることは、まったく馬鹿げている。それは意味がない。

人はただ静かに坐ることができる。そして〈全体〉に関する限り、言葉は意味がなく、言葉はわきに置かれねばならない。そして言葉をわきに置くことは、あらゆるものをわきに置くことだ。あなたの心、あなたの知識、あなたの経典、あなたの宗教、あなたの教会――それらはみな言葉の世界に属している余計なものなのです。

静かになる瞬間、あなたはキリスト教徒ではないし、ヒンドゥー教徒ではないし、イスラム教徒でもない。静かになる瞬間、そこには『聖書』も『コーラン』も『ギータ』もない。静かになる瞬間、あなたは無神論者でも、共産主義者でも、社会主義者でもない。沈黙は、あなたが学び蓄積《ちくせき》したすべてのものをあっさりとぬぐい去ってしまう。それはあなたを再び子供にする、無垢《むく》にする――この無垢の態度が祈りなのです。

──なるほど沈黙ですか？　恋人同士の沈黙は金（ゴールド）です。

和尚　沈黙は知性の爆発だ。沈黙とは、あなたの内側での広々とした空間の広がり、遮《さえぎ》るもののない広々とした空間の広がりだということだ。沈黙とは、心のすべての家具が片づけられてしまったということだ──思考、欲望、記憶、空想、夢──あなたはそのすべての家具を片づけてしまった。あなたは〈存在＝宇宙＝自然〉をじかに、直接にのぞき込んでいる。あなたは自分と〈存在〉との間にいかなるものもさしはさむことなく、それと触れ合いを持っている。融合です。非二元性の世界です。それが沈黙なのです……。

それがここで起こっているのを経験できる時──あなたは沈黙を聞くことができる。それを聞く時、そこには即座の理解がある。理解は影のように沈黙についてくる。言葉を理解したり、言葉を聞いたりすることは実に簡単なことです。それは誰にでもできる。ただ言葉についての少しばかりの教育が必要なだけで、大したものはいらない。だが、沈黙を聞き、沈黙を理解するには、とてつもない寛容が必要だ。沈黙は神を理解するにはなくてはならないもの、真理を知るにはなくてはならぬものなのです。念仏は不要です。

──自分と対象との本当の融合（ユニオン）の状態は、確かに沈黙ですね。

和尚　ここで私とともにあること、サニヤシン〔探究者〕としてあることは、静かにあることを学ぶことだとごく簡単に定義できる――それは私とともに沈黙のうちに坐ることだ。私がこれほど多くの言葉を使っているのは、一重にこれらの言葉があなた方の心に透《す》き間を与えることができるからだ。私の言葉はあなた方を目覚めさせておき、その言葉と言葉の間で、私はあなた方に透き間（沈黙）を与える。そしてそれこそ本当のもの、本質的なものです。次の言葉を待ちながら、あなたは沈黙に耳を傾けねばならない……。

この状況全体が、あなた方に少しばかりの沈黙を手渡すために使われている。私が、あなた方が沈黙を聞けるようにするために、沈黙を理解できるようにするために話しているということは、新参者には実に奇妙に見えることだろう。だが、ブッダは常にそのようにやってきた。沈黙の真の効用についてはまだまだよく知られていない。

私はいつでも、どんな時でも沈黙している。たとえ話をしている時でも、私は心の中でひたすら沈黙している。なぜなら話すことは私の沈黙を妨げないからだ。話すことによって妨げられるようなら、その沈黙には価値がない。私の沈黙は充分に大きい。それは言葉を含むことができるし、それは話すことを含むことができる。私の沈黙は充分に広い。それは何によっても妨げられない。私の沈黙は言葉なんぞ恐れないのです。

――しかしニセの沈黙もあるのではないですか？

和尚　あなた方は沈黙して、話そうとしない人たちを見たことがあるだろう。彼らの沈黙は話すことに対立しているように見える――話すことに対立している沈黙はいまだに話すことの一部だ。それは不在であって、実在ではない。話すことの不在は私の沈黙ではない！　私の沈黙は実在している。それはあなたに語りかけることができるし、あなたのために歌をうたうことができる。私の沈黙にはとてつもないエネルギーがある。それは空白ではない。それは満ち溢れている。ですから私がよく比喩に使う車の轂《こしき》〔車軸〕みたいなものです。タイフーンの目です。轂やタイフーンは周辺がものすごく回転、流動していても、絶えず静かなものでしょう。内面の核心は絶えず車軸（沈黙）に等しいものです。

第四章　私には西方浄土は住みがたい土地

人間は一刻一刻死んでいる

――それではこれまで阿弥陀仏、信仰、念仏と検討してきて、浄土教最後の終点的地点である浄土という問題に移りたいと思います。まず浄土理解の切っ掛けとしての死――仏教では往生といいますが――の問題から説明してくれませんか？

和尚　仏教というものは中国において千数百年間伝わり、インド語から漢訳された経典は六～七千巻にも及ぶ膨大《ぼうだい》なるもので、その各内容の全体像は複雑極まるものです。伝承されている経典の初源的な聞き間違いや擬経《ぎきょう》まで入れればなおさらのこと、ましてこれを自国語に訳するとなると、サンスクリット語やパーリ語では和訳されない語も多く、日本でも近年に至ってようやく個人的な各経の現代語訳が出るようになったところです。

したがって日本を見る限り、未だに専門僧侶ですら漢訳経典を読経《どきょう》しているようなありさまで、例え仏信徒は多くても、その意味を本当に解する信徒はいくらもいないという状態です。したがって誤解も多く、例えば「往生」という仏語一つにしても日常語としては、一般に死ぬという意味に使われている。しかしこれは語義そのものから言っても分かるように、「往きて生まれる」の意味で、単に死ぬことではない。肉体が死んでから先に行くところがどこで、その先はどうなるのか、という設問を言葉に現したものです。

――ああ、キリスト教でも「二度生まれ」という言い方をしますね。

和尚　そう、人間はこの穢土《えど》としての現実を厭《いと》うて肉体を離れても、きっとその先のあの世では自分をもう一度生かしてくれ、慰めてくれるものと妄想するのです。

　そうした民衆の切ない望みを極度に宗教に取り入れて、それを救済行為としたのが浄土真宗で、その点、浄土教においてはまさに浄土が終点の意味合いを持っています。ただし往生とはこの世と別の世界に生ずることと言っても、必ずしも善処とは限らず、古くは六道輪廻《ろくどうりんね》の迷いの世界も往生といった。また浄土への往生にも、弥勒仏《みろくぶつ》の世界に生まれる兜卒《とそつ》往生、薬師《やくし》仏の浄瑠璃《じょうるり》世界への往生、釈迦如来の霊山《りょうぜん》浄土など、いろいろあるが、浄土教の隆盛にともなって往生は西へ二百十億仏国を経たところの阿弥陀仏の西方浄土のことをさすのが普通になった。これは阿弥陀仏の本願力を信じる行為によるものです。

仏の国土はすべての汚れを離れ、姿形を超えた法性〔究極法〕の世界であるから、そこに生まれることは、決して現世に生まれる時のように、母の胎から肉身を持って生まれることではない。本当は「生まれる」という表現は比喩的なもので、真実は輪廻《りんね》〔繰り返し〕的生存から離れて生死を超えた世界に生きることを往生というのです。

――そこであなたの考えられる死というのは、どんなものですか？

和尚 生における最大の神秘は生そのものではなくて、死だ。死は生の絶頂であり、生の究極の開花だ。死において、生のすべての総計が出され、あなたは到着する。生は死に向かう巡礼の旅だ。生まれ落ちたその日から、死が近づいてくる。誕生の瞬間から、死はあなたに近づき始め、あなたは確実に死に向かって進んでゆくのです。

人間の心に起こった最大の悲劇は、彼が死に対立することで――生そのものを取り逃がすことで、あなたは最大の神秘を逃がしてしまう。死に対立することは、生そのものを取り逃がすことでもある――なぜならそれら二つは互いに深く関わっているからです。生はその成長であり、死はその開花だ。旅と目的地は別々のものではない――旅は目的地で完結する。死は高まりゆくものの頂点として受け止められねばならない。それによってあなたは、死に対立しなくなる――その神秘に身震《みぶる》いし、楽しみ、瞑想するようになる。

死はさまざまな形でやってくる。あなたの死は、死の多くの形の一つにすぎない。あなたの母親が死ぬ時、それはあなたの一部の死でもある。母親がいなくなると、あなたの中の何かが死んでしまう。あなたは何かを失い、もはや二度と同じではない。だから死はあなたが死ぬ時だけ訪れるのではない。死は多くの道を通ってやってくる。死は常にやって来ている。実際のところ、深く見るなら、自分が刻一刻と死んでゆくのを見ることができる。なぜなら刻々と何かがあなたの存在から抜け落ち、代わりが入ってくるからだ

――その意味では私たちの生は川のようなものです。一瞬一瞬、誕生と死ですね。

和尚 その通り、あなたはこの二つの堤、誕生と死の間を流れている。死は極めて静かに起こる。そして他人の死だけが死の形ではない。さらにもっと微妙な死の形もある。恋に落ちる時、あなたは死ぬ。愛は死だ。最も純粋な死だ。恋人たちは互いの中に死ぬ。互いの中に死ぬことができるものだけが恋人同士になる。ほかの者たちはゲームを演じているにすぎない。あるいは瞑想をする時、その時もあなたは死ぬ。瞑想はあなたを深い死に導く。また師に自らを明け渡す。生の間に阿弥陀仏に自己を預けるのも死です。そして存在は死を通して生き、死を通して自らを更新する。それ故死は最大の神秘だ――生よりもさらに神秘的だ。なぜなら生は死へと向かう巡礼の旅にほかならないからです。

真実浄土には住みがたし

――では、浄土とは一体どんなところでしょう?

和尚　それは仏教によれば、仏が衆生の救済の場としてしつらえた煩悩のない清らかな世界とされています。一般には楽《らく》のみがあって、苦《く》がなく、極楽と同意語ですが、親鸞は浄土という表現を重視しています。穢土《えど》〔汚れた地〕の対として浄土と訳されたが、原名では極楽、安楽に近い。東方には薬師仏の浄瑠璃《じょうるり》浄土があり、阿閦《あしゅく》仏の妙喜《みょうき》世界、観音菩薩にも普陀落山《ふだらくさん》信仰がある。これらはみな浄土、しかし浄土教では西方の阿弥陀仏の国土を指す。

『阿弥陀経』によれば、「もろもろの苦あることなし。ただもろもろの楽をうく」と言われ、まさに極楽、極めて安楽な土地とある。

しかしこのような極楽浄土を、親鸞は「方便化身土《ほうべんけしんど》」としている。否定しさるのではなく、真実浄土に至るための方便《ほうべん》の地だというのである。『教行信証』化身土巻《けしんどまき》に、「化身土を現わさば、仏というは『無量寿仏観経』の説のごとし、真身観の仏これなり。土は『観経』の浄土これなり。また『菩薩処胎経《しょたい》』等の説のごとし、すなわち懈慢解《けまんかい》〔怠け者の地〕これなり。また『大無量寿経』の説のごとし、すなわち疑城胎宮《ぎじょうたいぐ》これなり」とあり、このほかにまだ「辺地《へんじ》」という浄土の隅っこがあるともいい、浄土も仲々複雑な構成になっている。

これに対して真実の浄土――真仏土《しんぶつど》とは、同本の「真仏土巻」に「真仏土を按《あん》ずれば、仏はすなわちこれ不可思議光如来なり、土はまたこれ無量光明土《むりょうこうみょうど》なり」とある。親鸞のいう浄土とは、無限の光明の輝く世界、無量光明土に違いないが、それは無為涅槃界《むいねはんかい》〔涅槃とは煩悩の火を焼き尽くして、智慧が完成した悟りの境地〕であり、平等寂滅《じゃくめつ》の世界である。だから親鸞は経典に見える色や形のある極楽〔七つの貴金属、宝石で飾った建物〕ではなく、「光明は智慧の形」とした涅槃の世界としての浄土を見ていたのです。

――この浄土に至って死んだ念仏者は、すぐに必ず成仏するのですか？

和尚　そこが少々ややこしいところで、親鸞の説でもこの生きている現実でも迷わず成仏できるのか、浄土へ行けばすぐに成仏できるのかどうかがハッキリしない。しかし仏典では浄土ですぐには成仏できないとある。そもそもブッダとは覚知《かくち》、悟った者の意味であるから、成仏とは元来、迷える衆生が宇宙万有の真実を自覚し体得することをいう。

しかし浄土教では、現世のこの末法悪世の時代に、能力の劣った者がこの世で成仏できるはずがないとし、成仏のためには清らかな浄土に生まれることが前提であるとして、浄土往生を勧めた。しかし仏教では浄土で往生してそこで何劫年という真の修行をしてこそ、初めて成仏が可能であるとしている。ところが親鸞は、浄土でなくとも、この世においても正しい信心を獲得できるのが往生であるとし、「即得往生住不退転《そくとくおうじょうおうふたいてん》〔即往生することができ、即不退転となる〕」の立場を主張し、この信心を得た者は、間違いなく仏と成ることが確定された者であるから、臨終の一瞬に仏の来迎があって浄土に生まれ、すぐに成仏できるように言っている。経典主義者が迷うのは無理ないので、肝心のところで経典はハッキリ断言しなかったりするのです。

――ふうむ、これまで聞いただけでも、極楽とは自由でしたい放題の文字通り安楽国のように夢想していましたが、話を聞いていて、とてもわれわれの住めるような生半可な世界ではないと悟りましたね。想像しただけで背骨が突っ張ってきます。

和尚　まだまだとてもこれくらいのことで驚いていてはだめだよ。親鸞は「顕浄土真仏土文類五」（『教行信証』）の中では、いかに真実浄土はリラックスして暮らしやすいところかと説明して、次のような利き目のある「四楽《しらく》」を礼賛解説（略）をしている。

「一、もろもろの楽しみを断ち切っているが故に、苦というものがない。もし苦があれば、それは大楽《だいらく》ではない。涅槃の本性は〈無苦無楽〉である。ついでにいうなら、楽しみには二種類ある。凡夫の楽しみと諸仏の楽しみである。凡夫の楽しみは無常にして崩れさる。二、涅槃《ねはん》は〈大寂静《だいじゃくじょう》〉故に大楽という。涅槃は一切の騒々しさから遠く離れているからだ。三、〈一切知〉〔総合知〕なるが故に大楽という。一切知という智慧を持っていなくては大楽とは呼ばない。四、〈身不壊《しんふえ》〉なるが故に大楽という。もし身体が崩れたり破れたりすれば、楽とはいえない。煩悩に満ちた凡夫の輩は知ったこっちゃない」

また『涅槃経《ねはんぎょう》』に「私、十住の菩薩は、少分の仏性を見ると説く」と言ってある。修行によって菩薩（仏になる位）にまで達したものでさえ、少分の仏性しか見られないのだから、凡夫ではとても及びもつかない。しかし「安楽仏国に到達すれば、必ず悟りを開いて仏性を示すであろう」それは一重に弥陀の本願力によるものだ。だから『涅槃経』には、「衆生は来生には無垢清浄《しょうじょう》の身となって荘厳《しょうごん》して仏性をみる」ことができるとある。

善導大師の言には、「極楽世界は、凡夫の心や力を超越した無為自然の世界である。だから極楽には往生しようとしても、やたらな縁によるまじり気のある善根を持ってしてはとても生まれることはできない。この故に如来はただひたすらに弥陀の名号を称えることを教えた」とある。これでは、とても安易に衆生の想像するようなゴクラクではありえない。これを読んで困ると知った念仏者は、早々に極楽行きを諦《あきら》めるにしくはない。

凡人のその身のまま救済は嘘

――真仏土に対して化身土《けしんど》というのは、どんなところですか？　僕は各浄土とはみな一つきりのもので、まさか浄土にもそんな差別があるものと思っていませんでした。

和尚　前にもいうように、化身土というのは、真仏土同様阿弥陀さんの身相光明を見るところですが、浄土の都心ではないほんの片隅（疑城胎宮《ぎじょうたいぐ》ともいう）の場所です。そこへ行くのは、本当の他力の念仏者ではなく、計らいのある自力の念仏者が往生するところです。したがって浄土といっても二通りあり、他力念仏者は真仏土である浄土へ「難思議往生《なんしぎ》」し、自力念仏者は「雙樹林下往生《そうじゅりん》」といって真実の浄土ではない、化身土に往生するのです。

この土地は子供が三宝（仏・法・僧）を見聞きできないようなもので、己の力を頼る、自力行者がそこへ行って見れば、まるで自分が子供同様に見えるような場所です。

お釈迦さまは、このように濁った世の中にいる大衆は、いろいろな煩悩や汚れや悪いことばかりしているし、邪道から正道に導いても、結局本物になるのは非常に難しく、本当に稀なことでしかない。実際今世にはインチキ者ばかり多くてみな中身は空っぽである。しかしお釈迦さまはこんな連中も見捨てておくわけにゆかず、いろいろ知を説かれ、本願を発せられて、広くうろうろ迷うている人間どもを教化されているのだとする。

――まだそのほかにも浄土入りした者に対する差別待遇があるのですか？

和尚　あります。「胎生《たいしょう》」という場所がある。そこにある宮殿は広々としていて、いろいろな楽しみもある。しかしその人間どもは、娑婆《しゃば》にいた時、懐疑的で善果を得ようとする手前勝手な計算からいろいろな功徳《くどく》を積んだりして極楽往生をしようと願っていたためにそこへ溜めてあるのです。言い換えれば絶対他力の信心を持たず、仏の智慧を信じていない。そもそも自分の計らいによる善願などというものはムダなもので、仏の智慧というものは凡人はもちろん聖人でも及びもつかない不思議且つ想像もできないものなのです。

人間どもは仏の智慧を悟らず、先にあげた宮殿に住んで、五百歳の年齢になっても仏の教えを聞こうともせず、ただ楽しいことばかりしている。だから例えてみれば、彼らは母親の胎内にいる赤ん坊みたいなものである。だから胎生《たいしょう》というわけだ。

「さらに仏が弥勒《みろく》に言われるには」例えば、転輪聖王《てんりんじょうおう》は七宝《しっぽう》で作られた牢屋を持っている。それは荘厳限りないもので、調度品も見事な部屋であるが、王子たちがちょっとした罪を犯しても王は彼らをこの牢屋にぶち込んで金の鎖でつないでおく。先に述べた胎生の連中はこの部屋の王子のようなもので、仏の智慧を疑ったために、極楽でも胎宮に生まれて五百年経っても閉じ込められているわけだ。これはまったく身から出た錆である。

——そのほかにもまだ……？

和尚　あります。西方の遠くへ行くと、懈慢界《けまんかい》というのがある。初めは菩提心を起こして阿弥陀仏の浄土に往生しようとする者が多い。ところがこの懈慢界の快楽によろめいてしまって、かの真仏浄土へ進むことができない。そういう何千何万という連中のうち、ただ一人だけが阿弥陀仏の極楽浄土に辿りつくことができるのです。そこでこのお経によって考えてみるに、弥陀の浄土に往生することは、まずまず容易なことではないことが知られる。

「したがって懈慢国という怠け者の国に住むことになる。であるから雑業《ぞうごう》〔念仏以外の勉強〕をやめて専ら一筋に浄土の行業を修めるならば、信心が堅固になって本当の極楽浄土に住むことになろう。真実報土に往生する者は非常に少なく、これに反して化土に往生する者は圧倒的に多いのである。それ故処胎《しょたい》経に大多数の人間どもの中で、一人だけが往生できると記されていても、別に間違いはないのである」と『往生要集』に書いてあります。

念仏者の大半の念仏は計らいのある自力念仏ですから、いかに熱心に念仏をあげようと、みな真仏浄土ではなく化身土行きの身分となるわけです。したがって大半の人にはたとえ浄土に行ったとしても救いは求められないのです。

さらに雑業による往生が極めて稀である理由を挙げてみよう。つまり雑業によると余計な煩悩や欲望が自分の上に現れて浄土欣求《ごんぐ》の気持ちを切断するのである。もっと悪いことは、恥知らずで懺悔《ざんげ》する心がないこと。懺悔には上中下の三通りある。上に入る懺悔は全身の毛穴から血を流したり眼から血の涙する者で、中の懺悔は体の毛穴から熱と汗を流し眼から血の涙を流す者、下の懺悔は全身が熱っぽくなり、眼から涙を出してする懺悔である。以上は要するに解脱しようと、菩提心を起こして善根〔雑業〕の種をまいた人々です。

——そんな状態では極楽というよりは、まるで地獄の国のようですね。

和尚　だから現実には、真仏浄土とは決して人間の行ける場所ではないのです。そのことが現実であることは、みな著名な経典にちゃんと記してあるからハッキリしているのです。ブッダが言うには、「自分（の説）が末法の時に及んでは、幾億の人間どもが修行して道を修めても、一人として未だ悟りを得る者がいない」とした。「念仏を専修しないで他の雑修に夢中になっている人々は、千人のうち一人だって極楽浄土に往生することはできない。」また自力の「道を修める者はいつもその修行を続けて、一万劫《こう》（一劫は人間界の四億三千二百万年）の時間を経て初めて不退の位を証する」とある。だからいくら専修念仏をしていても、あなたは布教使の言につられて、決して浄土行きを願ってはならないのです。

「自然法爾《じねんほうに》」よりタオの方が深い

——「自然法爾」は親鸞最晩年の境地として非常に評判の高いものですが、私には何となくその境地を感じられることもありますが、このタームの半分は自身の一代の思想整理のようにも聞こえるのですが。

和尚　例え半分でも、親鸞が達した無為自然の境地は素晴らしいものと思います。親鸞の『末灯鈔』にある「自然というは、もとよりしからしむるという言葉なり……無上仏と申すは形もなくまします。形もましまさぬゆえに自然とは申すなり」の一句は見事な表現ですね。法爾《ほうに》とは「如来の誓願」、自力の計らいではないから「義なきを義とする（意味がない）」のが本来の浄土の教えです。さらに親鸞は、阿弥陀仏というより無上仏（この上ない仏）と呼び、色も形もない真如法性を自然《じねん》というのだと考察している。そして最終の文章に「これは仏知の不思議にてあるなり」と結んでいるのも深い意味あいですね。

――親鸞が最後にたどり着いたと言われる悠々自然の境地「自然法爾」と老子のいう「タオ（道）」は似通っていますが、どこか違いがありますか?

和尚　二人の思想は共通している面が多く、似ているように見えますが、中身はまったく異なります。それは親鸞自身が文章にそれを認めていて、次のように言ってます。「だから老子や道教の思想が仏教に似たところがあるからといって混同したり、垂迹《すいじゃく》説を立てたりするのは怪しからぬ。況《いわ》んや老子の説に迷うようでは沙汰の限りである。仏教のいう徳は老子や道教のそれと違って、いかなる徳も備えないものはないというのが涅槃である。そしてどんな教えも広く行きわたっているのが菩提《ぼだい》である。……従って老子の学派はすでに菩提の地を踏んでいるのである」。老子は大道《だいどう》というが、それが実は菩提だ。

自然《じねん》とは独りでにそうなることで、阿弥陀仏の方から救済しようというのです。

――私たち現代人はタオの方が合理的でよほど分かりやすく、体感できますが……。

和尚　そうですね。現代的ですね。タオ（道）は神のもう一つの名前、神よりもはるかに美しい名前です。なぜなら神は、「神」という言葉は、聖職者たちによって完全に食い物にされてきたからです。彼らは神の名のもとに長いこと搾取してきたので、その言葉さえも汚れたものになってしまった――それは吐き気を催すようなものになった。少しでも知性のある人なら必ずそれを避ける。なぜならそれはいつの時代にも神の名のもとに、宗教の名のもとに、地上で起こったすべてのナンセンスを思い起こさせるからだ。

タオはその意味では、この上もなく美しい。タオは人物のイメージを与えないから、タオを礼拝することはできない。それは単に原理であって、人物ではない。原理を礼拝することはできない――タオに祈ることはできない。原理に祈るなんて滑稽に見えるし、それはまったくバカげている。重力に祈ったりしないし、相対性原理にも同じ態度をとる。

――ところでタオの原理の社会的な意味あいはなんでしょう?

和尚　タオは単に存在全体を一つにまとめる究極の原理を意味する。〈存在〉は混沌(カオス)ではない、ということだけは確かだ。そこにはこの上もない秩序、本質的な秩序があり、その秩序に付けられた名前がタオだ。タオはまさしく全体の調和にほかならない。タオのために寺院が建てられたことはなかった。神像も、祈りも、僧侶も、儀式もない――それがその美しさだ。だから私はそれを「教義」とは呼ばないし、「宗教」とも呼ばない。それは純粋な洞察だ。それを「法《ほう》」(ダンマ)と呼ぶことはできる。それがタオに相当するブッダの言葉だ。英語でタオに一番近い言葉は、頭文字が大文字で始まるNature(自然・本性)です。私は老子をこよなく愛している。

老子は世を行くには「すべてをありのままに受け取れ、選ぶな」という。心《マインド》(自我)によって生を選ばないこと、生を来るがままに生きなさい、浮かび漂うがいい。どこかに着くどんな努力もしないこと。瞬間を、その全体性にいて楽しんでごらん。過去や未来に邪魔されないで、その生を「無選択」に生きなさい、と呼びかけているのです。

――いかにも東洋的な表現で、美しい自然の生です。

和尚　こうした老子の呼びかけは、表現においてはいわゆるパラドクス（逆説的）に満ちた体裁を取る。老子のパラドクスはそれ自体、心の好む論理的一貫性ではなく、非論理的なるが故に瞑想なのだ。その数多くのパラドクスの中で常に基調音となっているものは「無為《むい》」である。「無為」とは行為なき行為を意味する。活動的でいて、しかも活動的でないことを意味する。いわばタイフーンの目、いつもdoer（やり手）ではない。

非活動が活動の中に入り込む。活動が非活動になる時、二元対立はそのバランスの中で消えてしまう。その時あなたは超越している。タオは超越だ。じっと座っていれば、何もしないでいれば、草はひとりでに生えるものだ。そうした時、努力、作為は停止しているものだ。あらゆる努力を落とすこと。ただ静かに座ること。内を見ること。それが無為です。「なること」ではなく、自然に「在《あ》ること」を学ぶ者がタオイストです。

また「無上仏」というのも素晴しい表現ですね。「無上仏」とは、超阿弥陀仏＝無仏論＝空ということでしょう。この「無上仏」の方が、親鸞の最後を飾るにふさわしい言葉となっている。

真の浄土とは沈黙と自由だ

――キリスト教徒は人間の最高のありようを「至福《しふく》」といいますが。

和尚　「至福」はかぐわしい香りだ。それをじかに手に入れることはできない。あなたはバラの繁みを育てなければならない。バラの花が咲いたら、香りは自然に放たれる。「至福」は瞑想のかぐわしい香りだ。瞑想とは、もっともっと静かになることだ。

喧《さわが》しい人は「至福」に満ちることができない——彼には沈黙の音楽が必要だ。だが私たちの心はあまりにも騒がしい。しかも内側は群衆であり、彼らは絶え間なく口論し、闘い、互いを支配しようとしている。「至福」はこの絶えざる戦争がやんで初めて生まれてくる。それを終わらせることはできる。必要なのは目撃あるいは凝視の〈気づき〉だけだ。見守ることを通して奇跡が起こる。見守ることができたものはすべて消えてゆく。それが蒸気のように消えてなくなる瞬間、あなたのもとには深い静寂が残るだけだ。

思考がやんだ時には小さな透《す》き間、実在を見ることができる小さな窓があるだけだ。だがこの透き間は少しずつ大きくなってゆく。この透き間は古代の神秘家たちによって割り出されてきた時間——四八分間、まったき沈黙の中に在《あ》るなら、人は空という光明を得て、絶対的な「至福」に満たされるようになる。その後、決して後戻りすることはない。

——その沈黙の空の中には、至福が満たされているのですか?

和尚　いや、空は至福だという時、私は空の中に至福が満ちていると言っているのではない。

「空は至福だ」とは、あなた方にそれらの同義性に気づいてもらうために言っているにすぎない。それは空と呼んでもよいし、至福と呼んでもよい。それらの言葉は同義語だ。空が至福であるのは、そこに何一つあなたを退屈させるもの、単調さを感じさせるもの、不安を生み出し、あなたを恐れさせ、苦悩を作りだすものがないからです。

そこには何もない！　何もないが故に、心《マインド》全体が去ってしまったが故に、その状態は至福と呼ばれる。空と呼んでもよいし、自己からの絶対的自由と呼んでもよい。自己同一化からの分離。これこそ本物の自由だ。この三者は同じ現象の多様な表現にすぎない。

またヒンズー教のようにブラフマン（宇宙秘）とアートマン（己の真我）の一致とも言えましょう。いわゆる「梵我一如《ぼんがいちにょ》」の世界です。要するに高級宗教全般の共通テーマは無我と自我につきますね。

――そんな人間の状態こそ、自由浄土と呼ぶべきではないでしょうか？

和尚　ブッダはそれを「空」「シューニヤター」と呼ぶべきだというが、『ウパニシャッド』〔インド思想の源流を著した経典〕はそれを「至福」と呼ぶべきだと主張する――どちらも同じ現象を言っている。しかし私の思うにブッダの言い方の方がずっと優れている。なぜならその方があなた方にはもっと適切だからだ。『ウパニシャッド』の言い方は肯定的であるので、あなた方は『ウパニシャッド』を誤解せざるを得ない。それは至福だということで、『ウパニシャッド』はあなた方の心の中に確実に強欲を作りだすに違いない。

あなたは至福を求めるようになる。あなたは惨《みじ》めなので至福を欲しがり、至福を渇望する。至福に満ちることができるように、事態を改善するあらゆる努力を始める。「至福」という言葉とその肯定性故に、あなたはたちまち道に迷ってしまう……。

それを「空」と呼ぶことはとてつもなく重要だ。なぜなら空っぽのものを欲しがる人などいないからだ。それはあなたの中に強欲を作りださない。誰が空っぽのものに大欲を抱くだろう。そのまさに否定性が、強欲、欲心、野望、自我を破壊してしまう。そして私はといえば、この二つのことをいっぺんにやろうとしている。私は至福は空だという——更なる努力だ。『ウパニシャッド』はそれは至福だといい、ブッダはそれは無だと言った。あなた方はこの両者から逃げ出した。私はあなた方をその両側から捕まえようとしている。

——しかし私たちの生活の大抵は不必要な自我というものが邪魔をしてます。

和尚　なるほど人々はほとんど自我しか持っていない。空は及びでないように見える。だから自我は自己の代用品だ。本当の自己に気づいていないために、私たちは自我を作りだす。それはつくりものだ。私たちは中心なしでは生きられないので、ニセものの中心をでっちあげているのである。そこで私には二つの仕事が可能だ――本当の中心を知るか、ニセものの中心を作りだすか。私はハッキリ本当の中心を支持する。

それはニセものの人間は容易に支配されてしまうからだ――容易に支配されてしまうだけでなく、彼は自分から支配されることを求める。支配されていなかったら、彼は何か物足りなく感じる。彼は支配されていて初めて、なにがしかの存在感を持つからだ。

自我は作り物であり、現実に必要ない時以外は、死ぬほかはない運命にある。本当の自己（空）はあなたが生まれる前からあったし、あなたが死んでしまった後もあるだろう。本当の自己は誕生と死の間だけに存在しているのではない。むしろ逆に誕生と死は、本当の自己の悠久の旅の中でのただのエピソードにすぎない。人間にはただ一つだけの生死があるのではない。今までに何度も起こっているし、これからも何度も起きるものだ。

自分の本当の核心に気がついたその時、人は永遠なるものに気がつく。そして永遠なるものを知ることは真正浄土を知ることだ。本当の自己は真正浄土への扉となる。

第三部　仏教研究諸家による浄土教批判

いわゆる親鸞関係の本は汗牛充棟《かんぎゅうじゅうとう》数百冊は刊行されていよう。しかしその著者の大半は浄土教僧侶かそれに近い学者によって成されているために、一方では親鸞の史実研究に大童、他方では親鸞の著書に入れあげてその解釈に専念。自分独自の解釈による親鸞に対する疑念、異説、批判の著書はまったく見られない。しかしそうした状況に対しても立ち向かった数人の人たちがいる。その研究者たちの中で（日蓮）・明恵・野々村直太郎・田辺元・渡辺照宏の諸氏は親鸞研究の欠陥ぶりに対し、真剣に検討を加えてきた。

第一章　浄土教は菩提心を捨てている

——明恵《みょうえ》『摧邪輪《ざいじゃりん》』（現代語訳）の要約——

明恵　一一七三〜一二三二。鎌倉前、中期の華厳宗の学僧。八歳で出家、一六歳の時東大寺で受戒した。以後諸姉に顕密諸学を学び、主に華厳を研究。一二〇六年後鳥羽上皇より山城栂尾を与えられ、高山寺を創建して華厳復興の道場とした。戒律を重んじ、法念の『選択本願念仏集』には大いに立腹し、『摧邪輪』を著す。その趣旨は、法然は仏教根本の菩提心を捨て、助行の念仏を広め、他の聖教を批判したというにあった。

菩提心とはどういうものか？

ここに近頃ある上人《しょうにん》（法然）がいて一巻の書を著作し、その書を『選択本願念仏集《せんちゃくほんがんねんぶつしゅう》』と名付けた。だがその書は、経典や論書の趣旨を惑わし、多くの人を欺《あざむ》いている。その書は、極楽へ往生するための実践を宗《むね》としているのだが、かえって往生のための実践を妨げている。私は年来、法然には深い信仰を抱いてきたから、時折、耳に入ってくる彼についてのさまざまな邪悪な見解には、在家の男女たちが上人の高名を借りて、勝手なでたらめを説いているものと思い、今までに一言も上人を誹謗したことがなかった。

しかしながら、近日、この『選択集《せんちゃくしゅう》』を開いてみると、悲嘆ははなはだ深く、著作を読んだ今は念仏の真実の宗旨をけがしているのを恨んでさえいる。今、つぶさに、在家や出家の無数の人たちの起こす種々の邪悪な見解は、すべてこの書から起きているということを知った。総体的に念仏者は、この書を極楽往生を目的とする宗派の宝書としている。しかしそれは真っ赤なウソであり、仏教者を誤らせる書としかいいようがない。

そこであるところで経典を講義し説法した折、その後二つの非難を提出してこの書を論破した。すなわちその一は菩提心《ぼだいしん》の過失であり、二は聖道《しょうどう》を群賊に譬《たと》える過失である。この二者のうちとりわけ悪質なのは、菩提心に対する罪である。そこで私は決断していう。ここでは菩提心（初発心・悟り）の意義をハッキリさせる必要がある、と。

問う（問うはみな法然側の仮定質問）菩提心とは、どういう意味のあるものか？

答う（答うはすべて明恵の答）経典や論書の説、もしくは注釈書の解釈の中に菩提心の意味を求めようとすると広すぎてキリがない。今は大綱だけ示そう。さしあたって、浄土の流派の著述について見ていくと、まず善導《ぜんどう》（中国浄土教の大成者）の『観経疏《かんぎょうしょ》』には次のようにいう。

「菩提心を起こす」というのは、衆生の仏道を願う心が大いなる方向に向かうことを明らかにしているのだ。浅く小さな心を起こしてはならない。だから私はただひたすら次のように願うのみだ。「宇宙の空間と同じような無限の身を持ち、無限の心を持って、人々を残らず救いたい。口では仏の功徳をほめたたえ、教えを説けば、一人残らずみな私の感化を受けて、言下に悟りを得させたい。また心を統一して瞑想にふけり、自分の身を宇宙の至るところに現し、人々の素質に応じて一人残らず救いたい」この願である。

そもそも「菩提」というのは、仏が修行の結果得た貴重な悟りの名である。また「心」というのは、人々が悟りを求めようとする心のことである。だから仏教では、一般に「菩提心を起こす」といういい方をするのである。

(明恵が)解説していう。この文は、総体的に菩提心の働きおよび名称と意義を説いているのである。ほかに元暁《がんぎょう》師の『遊心安楽道《ゆうしんあんらくどう》』では、次のようにいう。

「浄土往生への正しい原因というのは、この上ない菩提心を起こすことなのである。世間の富への願と二乗の菩提(悟り)と涅槃(悟り)とをかえりみず、ひたすら仏の三種の身にそなわる悟りを志願することを〈この上ない菩提心〉と名付ける。」

菩提心の働きを略説すると以上のようになる。要点を言えば、「菩提」というのは、仏が修行の結果得た智慧《ちえ》にほかならない。「心」というのは、この仏の智慧《ちえ》を願い求める心をおこす、その心をさして「菩提心」と言う。すべての仏法は、この心によって生じるのである。ただしこの仏の智慧を願い求める心は、修行の段階の初めの頃の暗い位と修行が進んだ後の位とでは、浅い深いの度合いが違っていて同じではない。

また大いなる聖者竜樹《りゅうじゅ》は『菩提心離相論』を造って、菩提心の本性は形象を離れていて「無相」であると述べている。「菩提心」とは、あらゆる実体性を離れている。

それでは問うて言う。どうしてあらゆる実体性を離れているといえるのか？

答う　蘊《うん》〔存在を五つの種類に分けて五蘊という〕・界《かい》〔諸分類の範疇となるものに用いる〕・処《じょ》〔人間の感覚を起こさせる根源的な機関の対象となるもの〕は、そこに執着してあれだこれだと取捨を加えることはできないものであり、実体性がなく平等な性質のものである。また自己の心というものは、本来的に生じたり滅したり変化することがない。その本性がもともと空だからである。

これは大乗の立場から菩提心の本質を説いているのである。ものには実体がないという道理にかなっている心、これをさして菩提心というのだ。

問う　かの『集』〔法然の『選択本願念仏集』〕の中で捨てているのは、菩提心によって引きおこされるさまざまな行為なのである。それでかの書ではところどころに「菩提心行」という言い方をしている。それなのにどんな過失があるというのか？

答う　『選択集』の「名号を付属する」章の中に聖道門《しょうどうもん》と浄土門のもろもろの教説の菩提心を取り出して、これをすべて捨て去っている。このように菩提心そのものを捨て去っており、捨て去るものは、菩提心によっておこされたさまざまな行為だけに限らないのである。『選択集』でいう「菩提心行」は、すなわち「菩提心」を指して一つの行為としていることがわかる。菩提心がすなわち行為なのである。菩提心が起こす行為という意味ではない。この誤りを所々に述べていて、文章上の表現を隠すことはできない。

浄土は菩提心の賜物である

ここでまさしく法然の『選択集』の文についての断を下そう。その文章の中で論破されねばならないのは、第十八願の「念仏するものは必ず往生させたいという願い」の中の菩提心を捨てることを説いた文である。今、わきからの論証であるけれど、まずここで取り上げる『選択集』の一文と同じ問題を扱った古来の書物の文を見て、それらを参考にして二百十億の仏たちの国々が清らかであるか、汚れているかを明確にしよう。

問う　「二百十億の仏たちの国」というのは、ただ浄土のことだけをいっているのか？　または汚れた国土のことをも共通して言っているのか？

答う　諸師たちはその問題については、さまざまな異説を称えている。まず、玄一師《げんいちし》はいう。「『人間や神の善いものと悪いもの』というのは、国土の原因の面を明らかにしているのだ（そこに住む人間の善し悪しが国の善し悪しの原因になるという意味）。汚れた国土の原因を『悪いもの』と名付け、浄土の原因を『善いもの』と名付ける。これは善と不善と善・不善いずれともきまらないこの三つの性質（三性）のうちの（相対的な）善と不善の意味ではない」とハッキリ説いている。また法位法師は、「『広く二百十億の仏たちの国々を説く』というのは、（菩提心ではなく）国土のありさまを示すことによって、人々が教えを順奉し、人々に修行させようとせんがためのものである」といっている。

今、私（明恵）は、汝（法然側）に問うて言う。「まず、仏の世界が清らかであるか、汚れているかの問題について、先に挙げた二師の説のうちどちらをとるのか？」と問えば、汝は二師のうち法位《ほうい》法師《ほうし》の言と同じであると言うだろう。もしも汝が答えて、「法位法師の解釈は精粗（細かい荒い）に相対して、善悪をいっているのだ」というのなら、私はその言葉を非難していう。そうではない。法蔵菩薩が見られた二百十億の国土の中には地獄・餓鬼・畜生の三つの悲惨な国もある。そこで菩薩は（悪なる）悲惨な世界を選び捨てて、悲惨のない優れた（善なる）国土を選び取られたから「選び分ける」というのだ。

浄土の中には地獄や餓鬼、畜生の世界もあるというだけなら、汝を非難すべきではないが、汝はこのような邪悪な言葉を吐いて、人々をみな大きな邪悪な見解に陥れてしまっている。汝は仏たちの浄土を破損する大賊である。仏たちの浄土を破損するとは……。

しばらくわきからの論証をやめて正論を弁じよう。汝が初めの師（玄一師）の説に同調して、「二百十億の仏たちの国々」の中には浄土もあれば穢土もあるとしたとしても、菩提心という基本的な心がはみ出してしまっている。なぜかというと『集』の結論の文を見ると、「もっぱら阿弥陀仏のみ名を称える行為を選び取られたから『選び分ける』とある」四十八の本願の中から、ただ念仏の行為一つだけを選び取っているのである。

また例え後の師（法位師）に同調してすべての仏の国は浄土であるとしても、菩提心の扱い方に対して同じように非難されるだろう。もしもそうであるならば、もろもろの浄土の中で、菩提心を往生の正しい原因としない仏の国土とはどのような国土なのか？

ところで「浄《きよ》らかな意識」というのは菩提心にほかならない。だからあらゆる浄土は、菩提心をそこに生まれる正しい原因とするのだ。菩提心は浄土に生まれる正しい原因であるばかりでなく、浄土の本質なのである。だからもろもろの経典や論書の中でも浄土に生まれる原因を菩提心とし、まず菩提心を起こすことを勧めている。それなのにどうして阿弥陀仏だけが、過去・現在・未来にわたって同じ道を辿るはずの修行法に背を向け、西方浄土を信奉する学派のみが同じ道を通って悟りに至る道理から離れてしまうのか？

問う　例え念仏の実践者に菩提心がなくとも、阿弥陀如来は、もとより浄土を健立された。それなのにどうして浄土が成り立たない、というのか？

答う　もろもろの仏たちの仏道の修め方には、差別がない。念仏者が、もしも菩提心を往生の正しい原因としなければ、阿弥陀仏の場合とて同じことになる。もしもそうなったら、浄土は決して成り立たないだろう。

問う　私が「阿弥陀如来の本願の中には菩提心がない」といったのは、教えを受ける衆生が浄土に往生するための行為の中では、菩提心を原因とはしないといったまでであり、弥陀如来が如来となる以前の修行時代に菩提心がなかったという意味ではない。

答う　もしも阿弥陀仏の生類を利益する本願の中に菩提心がなかったならば、おのずから修行中の位にましました時にもまた菩提心があるはずがない。それなのに汝は、しきりに「阿弥陀如来の本願の中に菩提心がない」という主張を成り立たせようとしている。それであるから汝の『集』の奥文に「この経の中には『菩提心』という言葉はあるけれど、菩提心の働きを説いてはいない」といっている。汝は『無量寿経』の経説を指して、この説を述べている。しかしながらこの経には四十八の本願を説いており、菩提心を「願い」と名付けているのは、自他の宗派で盛んに談じているところである。

それにもかかわらず、汝は「菩提心を説いていない」という。これでもって汝の考えでは、西方浄土を信仰する宗派では、人に教えを説く人も教えを受ける人もともに菩提心をなくしている、ということが分かる。それでは阿弥陀仏も正しい悟りを完成することはとてもできないし、仏の国を建設することもできないだろう。

念仏は補助的手段である

唐の懐感《えかん》の著『群疑論《ぐんぎろん》』の文の中では、「凡夫と声聞及び菩薩の粗《あら》い心そのものが変貌して浄土となるのだ」とある。まさにそのことを知るがよい。

それぞれの分に応じて大小の菩提心が起こされる。そしてその心が変現して浄土になるのだ。しかしながら汝は菩提心を謗《そし》り退けている。それでは一体何が変現して浄土となるのか？　浄土を心の上に変現しなかったなら、どうして往生することができるのか？

問う　『群疑論』の後方に「中の上、中の中、中の下の三種の人間には、菩提心がないから臨終に仏がお迎えにくることはない」とある。なのに、菩提心があるというのは。

答う　汝が挙げている文の後に「この上ない大いなる菩提心を起こさず、小乗の菩提心をあならず」と言っている。この一文によって、浄土往生を願う人々は、菩提心を往生の正しい原因とすべきである。汝が引用する第十八願の中にも、「心の底から信じ願ってわが国に生じたいと欲したならば」と言っている。この文をみると、内面的な「心」が往生の正しい原因であることが明らかにわかる。

往生のための行為はただ仏のみ名を口に称《とな》える行為のみとは限らない。もしも深く菩提心の働きを理解した時には、「心の底から信じ願って」の文は必ずしも菩提心を意味するものではないというかもしれないが、もし念仏のほかに内面的な心を取り上げれば、内面的な心を往生の原因とすべきである。仏のみ名（念仏）を口にするのは補助的な行為である。

ところで内面的な心には浅い深いの差別がある。浅い心を末端的なもの、深い心とはすなわち菩提心である。それだから菩提心を浄土往生の最も正しい原因とすべきである。

また元暁《がんぎょう》の『遊心安楽道』によれば次のように言っている。『無量寿経』に上等な素質の人間を説明した五つの句がある。一は「家を捨て欲を捨てて出家者となる」。二は「菩提心をおこす」。三は「かの仏をもっぱら念ずる」。これは仏を心の中で観察する行為を行うことである。四は「もろもろの功徳を作る」。これは行為の実践を明らかにしている。第三の観察と第四の行為の実践は補助的な行為（助業）である。五は「かの国に生まれたいと願う」。この項目だけは願いであり、前の四項目は行為である。

この文の趣意からいうと、「かの仏をもっぱら念じる」というのは、仏のみ名を口にすることではない。これは心の中の観想として取り上げているのだ。仏のみ名を口に称えることは、第四の行為のうちに属すべきなのである。

さらに『観経疏《かんぎょうしょ》』の文の中で、「おのおのこの上ない心を起こせ」と言っているが、「おの

おの弥陀仏の名を称えよ」とは言ってない。また「同じように菩提心を起こし」とはいってい
るが、「同じように弥陀仏のみ名を称えよ」とは言っていない。ここでまさに知るがいい。菩
提心は浄土に生まれる正因であるから、善導は総体的な説き方をする場合には、菩提心を往生
の正因として提出しているということを。
懐感《えかん》も、「菩提心を起こすことは、あらゆる行為の初めであり、念仏三昧《ざんまい》を学ぶことはあら
ゆる行為の二次的なことである」と言っている。
また法位法師は『観経』(観無量寿経)の文を解釈して次のように言っている。
「汝よ、もし念じることができなければ『無量寿仏』と称えよ」という経文の意味は、ただ
名号を称えることを明らかにしたのである。名号を称えることが「観」というものをなしとげ
やすいのだ。そして「『十の念をそなえて仏のみ名を称える』という意味は、口に称えること
と、心に念じることとの両方が、必ず十回に達すべきであるという意味である。そうすれば、
功徳が円満になり、罪を滅ぼし、幸福を生じるからである」。
この解釈は阿弥陀仏のみ名を称えることが、心に念じることを兼ねているという意味である。
善導は笠仏朔訳の『般舟三昧経《はんじゅざんまいきょう》』を引用して終わりに次のように言っている。
「阿弥陀仏は答えて、『わが国に生まれてきたいと欲する者は、わが名を念じるがよい。わが
名を念じて休むことがなければ、生まれてくることができる』と言われた。また仏は、『もっ

ぱら念じるから往生することができるのだ』とも言われた。だから常に阿弥陀仏の身にそなわる三十二の優れた容貌を念じよ。仏の有形の身を念じることによって、仏への思いのみに心を集中した安らかな心境を得る」と言われておる。善導の考えでは、阿弥陀仏のみ名を称えることの下には必ず心に念じることを兼ねているのである。

また善導は『観経疏』で次のように語られている。

「およそ菩提というのは仏が悟った結果の名である。またこれは過去の行為の報いとして得た身である。道理の上から言うと、仏になるには必ずあらゆる種類の行為を円《まど》か〔安らか〕に備えていなければならない。ところで、どうして念仏の実践だけでもって悟りを期待する者は悟りを得ることができない、というのか？　それは念仏だけでは今はまだ悟りを得てはいないけれども、念仏は悟りを得るためのあらゆる種類の行為の中の一つなのだ。どうしてそのことを知り得るかというと、『華厳経』では功徳雲比丘が善財に向かって、「私は仏法三昧という海の中で、ただ一つの行為を知った。いわゆる念仏三昧である」

この文によって、念仏というものが、あらゆる仏道行為の中の一つであることが証明される。善導・懐感もこの文を引用している。

念仏者による善導説とり違い

功徳雲比丘《くどくうんびく》は、仮りの姿を修行中の位に現してはいるが、海のように広大な悟りに達し、給《ぎっ》孤独園《こどくおん》（祇園精舎）で説法したあの仏がそなえた功徳を体得している。常に悟りの境地を修行中の身に統合している。かの普賢菩薩《ふげんぼさつ》や文殊菩薩《もんじゅぼさつ》なども同じだ。なんで仏のみ名を口に称える行為を、体得した解脱《げだつ》への門戸とするだろうか。いや、そんなことはしていない。

だから清涼《しょうりょう》大師はこの念仏の意味を解釈して、五種にまとめている。

一は、心の外にあるものを対象として、正しく観念する念仏の法門。二は、心の外の存在をすべて心内現象におさめる念仏の法門。三は、心も心の対象になるものもともにその実在を否定する念仏の法門。四は、心と心の対象になるものとが互いに妨げあうことのない境地を体得する念仏の法門。五は、あらゆるものと一つのものとが幾重にも無限に互いに融合しあっているという真理を観念する念仏の法門。

この五つの法門を融合して、一つにするのは念じる行為の主体者である心である。ここにあげた念仏は口に称える念仏ではない。すなわち清涼大師は、自ら解釈して「名を称えることは口に属することで、真実の念仏ではないから略して言及しない」という。

問う　前に述べたように私は善導一師の宗義をよりどころとしている。汝が出しているのは、私にすれば他の宗派、異なった法門の説であり、そういう説を拠《よ》り所とすることはできない。善導はまったく五種の念仏などの説を出していない。ただ仏の（阿弥陀仏の）み名を称えることを先としているのだ。汝は異なった解釈を出してきて、仏のみ名を称える一宗を惑乱しているのだ。罪ある行為としないわけにはいかない。いかが？

答う　自分の宗《しゅう》で立てたい主張を成立させようとする時、もしも他の宗の師の説と相違する時は、自分の宗の師の説によって他宗の師の説はとらない。そうではあるけれども、今の本意はまったく両者のかたよった議論のやりとりではない。私も念仏宗に入り、善導や道綽《どうしゃく》などの制作した書を拠《よ》り所としている。この『選択集』において、例えいかなる邪悪な説があろうとも、善導などの説にしたがっていれば、なんで汝を責めようか。いや、責めない。しかし善導の書を開くと、まったく汝が説くような説はないのである。汝は、自分の邪悪な心にまかせて善導の正しい説を汚している。薬を服してかえって病になるようなものだ。私は、汝制作『選択集』の邪悪な誤りの傷を治療してやっているだけだ。

『華厳経《けごんきょう》』について説かれていることは、清涼《しょうりょう》大師が『華厳経』の念仏は口に称えることではないと解釈しているということだ。しかしながら善導は『華厳経』を引用して証《あかし》としてみ名を称える念仏説を成立させている。一応相違しているかのごとくであるが、善導はなお『文殊般若経《もんじゅはんにゃきょう》』などによって、み名を称えることを宗《むね》とし、三昧（求心、悟り）を趣（補助）とし、真実の念仏を得させるためにみ名を称えさせることを勧（主）めている。そして功徳雲比丘《くどくうんびくに》の体得したはなはだ深い宇宙の真理に、念仏三昧という名をつけている。今、仏のみ名を称えることを同じように念仏としている。仏のみ名を称えることが十分に熟していけば、根本においてはまた三昧となる。浅い深いの差別があるけれども、同じように一つの念仏三昧となる。

こういうわけで、善導は仏のみ名を口に称えることと真の念仏とは、種類が同じであるという観点から念仏三昧としているが、「まだ悟りは得ていない」という。清涼は、働きが同じでないという観点から、真実の念仏は口に称えることではないと解釈している。

この二つの説について考えると、不思議に両方が互いに成り立ち、二つの説は同じものとなり、それによって念仏の証拠として用いることができるようになる。もしも私が一方の宗派に偏執しているものだったら、こういう調和的な解釈を設ける必要はないだろう。私は、経文を詳しく調べて善導の説を究明した。それなのに汝は、なぜ私のことを「仏のみ名を称える人を惑乱している」などというのか？

総体的に見て、仏のみ名を称えることと心に念じることとは、往生を説く経典の中では差別がないと言うわけではないが。口に称えることと心に念じることに差別のあることは、『観経』（観無量寿経）とその注釈書の文が証拠となるから明白であろう。ほかの経典にもこのような証拠がある。一々出し得ないまでである。

問う　われわれのような口称《くしょう》の立場をとる者には、汝が説くような意味を理解できない。汝がいうとおりなら仏のみ名を称するのになぜ「念仏」という名がついているのか？

答う　深い意味はないけれども、種類によっては「念」の意味がないわけではない。考えてみると、仏のみ名を称える人には、必ず仏に専念する心がある。例えば世の中の人が人を呼ぶ時は、必ずその人に専念する心があるようなものだ。口に称えることは、必ず念想（念じる心）をそなえているのだ。しかしながら、両者を相対する時は、心に念じていることを優れたものとする。それは心が内側に向かって内省的に働くからである。故に念仏を口に称えることは劣ったものとする。それは心が外側に向かって働く行為だからである。

われわれは劣った面を隠し、優れた面を現して「念仏」と名付けるのである。そこで元暁《がんぎょう》師の解釈に「『かの仏をもっぱら念じる』というのは、心の中に観《み》ることを明らかにしている」と言っているのは、善導の解釈と相違しないのである。

本願の中に菩提心はない？

これより弥陀の本願の中に菩提心が説かれていない、という過失を論破する。私の考えを述べてみよう。まず一にはさまざまな行為をやめさせて、念仏だけを実践させるためにさまざまな行為を説く、という説について説明しよう。

善導の『観経疏《かんぎょうしょ》』の中に、「今までに、心を静かに統一して阿弥陀やその国土のありさまに思いをこらす実践の方法と、活動的な心のままに実践する方法とがあって、それぞれ利益があることを説いてきたけれども、仏の本願に照らしてみれば、仏がこの教えを説かれた本意は、衆生に、一重にもっぱら弥陀仏のみ名を称えさせるためであった」と説いている。

この解釈の意図に準じて、さしあたって説明してゆこう。『無量寿経』には、上等な輩《やから》の修行の方法として、菩提心などの念仏以外の行為を説いているけれども、本願に照らしてみれば、仏がその教えを説かれた本意は、ただ衆生にもっぱら阿弥陀仏のみ名を称えさせるためであったということができる。

しかも本願の中には、念仏以外の行為が説かれていないのである。ただしここでいう「一重《ひとえ》にもっぱら称える（一向専称《いっこうぜんしょう》）」とは、菩提心によって起こされる行為なのである。もしも菩提心を離れたならば、「一向専称」説は成り立つことはできない。

菩提心を起こすことは、これは仏道の正しい原因であり、これは本体を言ったものである。弥陀を専念することは、これは往生のための個別の行為であり、これは作用を言ったのである。汝が本体を捨てて作用を取ったのは、火を離れて煙を求めるようなものだ。汝はこれらの経説を解釈する文の中では、みな菩提心を論じていない。

もし「本願の中には、菩提心などのほかの行為がない」というのならば、なぜ第十九願に「菩提心を起こして、もろもろの功徳を修す」というのか？　これは本願ではないというのか？　「菩提心を起こす」という言葉は、ところどころに見え、ここ一カ所だけではない。たとえ四十八願の中に「菩提心」という言葉がないにしても、これは初めからの仏道の正しい原因であるから、あらためてこれを説かないのだ。

もしも第十八願の中に「菩提心」という言葉がないというのならば、すでに第十八願の文に「心の底から信じ願って（至心信楽《ししんしんぎょう》）、わが国に生まれたいと欲したならば」といっているではないか。この文からなんで菩提心を省こうとするのか？　この本願の中にすでに菩提心の意味がちゃんと含まれているではないか？

ただし『菩薩処胎経《しょたい》』には、「衆生が西方の国土に生まれるための行為を行っても、多分西方の国土に生まれることができず、懈慢国《けまんこく》という国の中に生まれる」と説いているのは、これは西方に生まれるための行為を専修して、至心の願いを起こす人を言っているのではない。行為が専修でなく、願いを起こすことが至心でないから本願に相当しない。だから仏のお迎えがない。仏がお迎えにくれば、西方浄土に生まれることができる。

問う　汝は、わが『集』の奥文を見ていないのか。「私は、浄土の教えを宗とする諸師の中でただ善導一師によって、ほかの師によらない」といっているではないか。それなのになんで汝はほかの注釈書を引用したりするのか？

答う　もしも汝がそういう批難をするのならば、汝の『集』に、なんで道綽《どうしゃく》の『安楽集』などの文を引用するのか？　そういうわけだから、汝がもしも一宗を立てるとしたならば、好んで万象の状況を述べた諸師の解釈を用いて念仏の宗義を顕彰する必要がある。汝は偏執しているから、詳細に念仏の意義を理解していない。しかも自己の狂信にまかせてこの邪書を作って一宗を立てたのである。心ある人は、誰がこの書によろうか？

次に汝が仏のみ名を称えることを正しく選定された行為とし、助けられる側のもの（所助）とする。一方、菩提心を補助的な行為とし、助ける側のもの（能助）とする。これにはさらにその理由がない。もしも好んで正・助に能動（能）と受動（所）を配するなら、汝の言葉を翻転して、菩提心はこれ正しく選定された行為（正行）であり、助けられる側のもの（所助）でもある。仏のみ名を称えること（称名）は補助的な行為（助行）であり、助ける側のものは（能動）であるということができる。

思うに往生の行為は菩提心を本となすから、一向に菩提心を熟し、家を捨て、欲を捨てて、沙門となり、もっぱら仏名を称えるのである。菩提心はもろもろの善の根本であり、あらゆる行為の頂点である。およそ仏陀が一代にわたって説いたもろもろの経典と論書には、みなこの説がとかれ、それを表現する文は泉のごとくわき出ている。

以上のような論によると、悪業のさわりが深く重い者は、菩提心を起こすことがない。また、もしも捨て忘れて念じない者は、畜生のような者だ。汝はすなわち畜生のような者だ。また悪業の障《さわ》りが深く重い人である。仏陀一代のとおい御説・仏道の優れた原因は、すべて菩提心を離れてほかにない。それなのに汝は、菩提心を助ける側のものとし、補助的な行為としていることは能（主体者）・所（客体者）について知らないし、傍（わきのもの）・正（中心的なもの）を区分していない。

本当に汝はなんとまあ、迷っていることだろう。

汝は「最極無者《さいごくむしゃ》」である

次に「念仏は、長時間にわたたって退くことなく行われる行為なのである。どうして念仏がさまたげられることが許されようか」という『集』（『選択集』）の説について考えると、この言葉はどういう意味なのか。まず汝が言うところの念仏は、口に称える行為なのだ。

もしも五種類の念仏（一、心の外にあるものを対象として正しく観念する念仏の法門。二、心の外の存在をすべて心内現象におさめる念仏の法門。三は、心も心の対象になるものも共にその実在を否定する念仏の法門。四、心と心の対象になるものとが互いに妨げあうことのない境地を体得する念仏の法門。この五つの法門を融合して一つにする）などの行為を採用すると言うのならば、これはすなわち菩提心と異ならないであろう。

もしも口に称える行為を採用し、これを長時間にわたって退くことのない行為とすると言うのならば、口に称える行為は、三昧を発得するための方便であるということになる。方便というものは、根本を得た時には捨てられるのが必定《ひつじょう》である。

例えば、かの呼吸の息の数をかぞえて心を静める観想の方法（数息観《すうそくかん》）などが、それである。呼吸の息の数を数える規則は、精神統一を得るための方便である。もしも精神統一を得終われぱこれを捨てる。このように一生のうちには中止することがある。

かの「寿命がおわる時を一期とする」という解釈は、初めて仏のみ名を称える行為を実践して疲れた者に焦点をおいて説いたのである。それなのに浄土に往生して仏の悟りを完成するくらいまで、どうして念珠《ねんじゅ》をもって仏のみ名を称えることを第一とするのか？

この上ない菩提《ぼだい》を愛し願う者は、菩提心を有する人である。この表現を翻転すると、往生を目的とする宗派の修行者は、汝に親しみ近づかない、といえることを知るがよい。悲しいかな、汝はただ菩提を愛し願わないばかりか、かえって菩提を妨げてしまっている。ただ自らこれを妨げているだけでなく、弥陀如来にさえ菩提心を妨げてしまっている。ここで汝が、往生門における大賊であるということが分かる。

弥陀如来の大いなる菩提の功徳をなくしてしまっているから、仮りにも「仏の子」と称することはできない。それなのになんで僧のいる寺院に出入りするのか？　汝の『集』には念仏と念仏以外の行為の関係について三つの説を出して結論し、次のように述べている。「今もし善導によれば、初めの説を正しい中心的な説となす」（ここに述べた説）。これは善導を謗《そし》る罪人にほかならない。なんで汝をその一門とみなすことができようか？

問う　私は弥陀の名号を信じ求めるがために、ほかの行為を捨て去って菩提心を捨てた。これはまた名号を信じ求めるきわみである。たとえ道理にかなっていなくても、仏を信じる心はすでに深い。それなのに私を謗って「大賊《たいぞく》」というのか？

答う　仏法を信じない者のとがは、外道と同じだ。惜しむにたりない。汝は仏教の一門に入って、この大きな迷いをしてしまった。はなはだ痛ましい限りである。戒律と精神統一と智慧《ちえ》との三学の雑業《ぞうごう》において過ちのある者を、「仏法の怨賊《えんぞく》」と名付けるのは、経典や論書に説くところである。こういうわけで、例え私が汝をののしらなくても、汝の天性に大賊のとががあるということは、深く悲しむべきことである。

汝はただ文字づらだけを守っていて、趣旨がわかっていない。それであるから、故意にしているわけではないかもしれないが、自然に仏法を謗る過失を招いている。『十地論《じゅうじろん》』には「仏の教えの趣旨をたがえて説く者には三種のとがある。一つは説を逆しまにしてしまう。二つは如来を謗る。三つは聞く人をたぶらかす」と言っているとおりである。これは大きな邪悪な見解なのだ。邪悪な見解の愚痴でないといえようか。

問う　例え邪悪な見解であっても、汝が自らこの見解を起こさなければ、汝には過失がないではないか。それなのになんでわざわざ書で『選択集』を論破するのか？

答う　『梵網経《ぼんもうきょう》』の戒本には「菩薩は、外道や悪人と出会った時、彼らが一言でも仏を謗る声を聞くと、三百の鉾《ほこ》で心を刺されたようなものだ」と言っているとおりである。それと同じことなのだ。この書のいろいろな邪悪な言葉を聞いて、心ある人は心を刺されたような痛みを感じるのだ。それを耐えられる者は、仏法に志がないためである。

汝はこのように性質が正直でなく、正直の類でもない。ただ、よくみ名を称える行為をたてる力だけはあるのだけれど、しかしまた自分の悪い見解への執着の中に安住し、『観経』や善導の解釈をより真実の大きい無量の善法を退出させている。

また先に引用した『瑜伽論《ゆがろん》』の文になぞらえれば、次のようにもいえる。汝は『観経』並びに善導の解釈を見ても、真実のままにそこに説いている意義を理解することができず、このような見解を起こして、ただみ名（念仏）を称える一行為だけを往生の正しい原因としている。もしこのように理解して、これを善導の宗義とみなしたならば、み名を称える行為の拠り所である菩提心を否定して、往生の正しい原因ではなくしてしまう。

ところが菩提心を離れては、念仏の行為は成り立たないのである。こうした理由から、汝は、聖道・浄土の二種の行為をともに謗ることになり、かくして何もなくなってしまう。まさに知れ。汝が「最極無者」と名付けられる者なのだ。すべての智慧ある清浄な修行者は、一緒に住んではいけない。汝がたとえ念仏宗に入っていようと、かかる邪悪な見解があれば往生しがたい。以上の私の見解に準じて十分に考えよ。

第二章　旧浄土教から新浄土教への革命
――野々村直太郎『浄土教批判』（現代語訳）の要約――

野々村直太郎　一八七一〜一九四六。昭和時代の仏教学者。一八九七年東京帝国大学哲学科卒。一九二〇年仏教大学（龍谷大学）教授。二三年「中外日報」へ浄土教革新論の論文を掲載。その趣旨は往生思想の神話的表現を批判、信仰とのミックスによる建て直しを図った。（原稿は『浄土教批判』として出版）内外教学者からの注目を受け、学内は賛否両論に分かれたが、西本願寺からは宗義に反するとして僧籍を剥奪され、教授を辞任した。

往生思想の時代は去った

いうまでもなく、今をへだてること七百五十年前の日本は、社会の内外二面にわたる一大動揺期の真っ只中にあった。

この状況が仏教界にも大いに影響を及ぼし、浄土教を生むに絶好の風潮をもたらしめたのである。その影響たるや、一には主観的見地に立つものと、二には歴史的・客観的理由の二者であり、両者はあいまって浄土教の育成に役割を果たしたのである。

まず前者においてはブッダ入滅よりこのかた、時隔《ときへだ》たるにしたがい人心ますます劣り、これがために仏教もいよいよ滅尽《めつじん》せんとするかの様相にあって、阿弥陀如来の他力本願興隆の時節を導いた。まことに阿弥陀如来の他力本願は、それまでの天台宗・真言宗等の自力難行の仏教に比して、恰好《かっこう》の位置を占めるに至った。

後者の歴史的理由とは、さらにこれを内外の二者に分けて考える必要がある。そのうち内部の事情とは、一言にして約すれば、当時の宗教界の堕落にほかならない。これ以前の旧仏教はほとんどまったく哲学化し、枯死《こし》寸前のありさまであって、人々の内心の宗教的要求を満足せしむるにはあまりにも無能の状態であった。

それに対し別の一者はこれまでの哲学的旧仏教を退け、神話もしくは文芸をして新たな宗教を談ぜしめんとする革新的方法を指すのである。この方法にあっては、哲学を退け、最も俗耳に入りやすい阿弥陀如来の神話をもって語られる態《てい》のものであった。

こうした内部の事情とあいまってさらに外部の事情があった。平安朝の末期より鎌倉時代の初期にかけての社会的、政治的動揺は、浄土教を生むに最も適した時代であり、以後徳川の数百年間はこの上ない順境をもたらした。中でも滅ぶ平氏と興《おこ》る源氏の凄絶なる戦いは、有為転変の世相をもたらし、庶民はどうして安心立命《あんじんりつめい》を求めてよいやら分からぬ時代であった。このような時期にあって、ひたすら難行の旧仏教をさけ、阿弥陀一仏にたよる新仏法は庶民にとっては恰好の慰安と救済の手段足りえた。

しかもこれに加うるに、鎌倉時代の初めから次第に成立し固定したる封建的社会組織の安全弁というものがあった。いうまでもなく封建的社会は士農工商の階級的組織であって、個人の自由はほとんど宿命的に制約せられ、善人といえども一切はその以前の制約による生を送らざるを得なかった。ここに三世思想＝過去、現在、来世の思想が適当に運用され、社会的には一生浮かぶ瀬もない現実の大苦境の中に人びとは住まいしていた。

このような時代にあっては、善人といえども自ら過去世の業報《ごうほう》を信じて危険なる不平の発露などは思いもよらず、概して庶民は羊のごとき「来世の安楽」を選ぶ風潮にあった。しかもいうまでもなく、三世因果的応報思想は、世界がかつて持っていた中の最も極端なる封建的階級制度と会いなじみあって転変したことは言うを待たない。

仏教は必ずしも三世思想によらなくては成立しえぬものではないが、ただ浄土教にあっては、一名往生教（往《ゆ》きて生まれる）とも呼ばれるほどに、この世を厭い来世を求める宗教なるが故に、浄土教が封建制度を見いだしたことは必然的な成り行きであった。浄土教の中でもその模範的信徒とされる妙好人《みょうこうにん》なる存在も、多くはひたすら極楽往生を望み、現世的には去勢された安全人物の羅列《られつ》であったことを見てもわかる。

浄土教の興隆とその繁盛の主要なる歴史的事情を見れば、その大体はまず以上のような状況が実情であった。今これらのような事情をもって現代と比較すれば、どうだろう。いうまでもなく、その内部的事情も、外部的事情も、いずれもともにモハヤ過去の一夢たらざるにすぎない。まず内部の事情について見よ。哲学として語らしめられてきた宗教がいつしか、その堕落を救わんがために、別の神話ばなしとして語らしめるを特色とし、これもいつしかしまいに神話そのものに置き換えられてしまったではないか。今日の浄土教は本末あたかも転倒して、疑いもなく神話の奴隷と成り果ててしまった。

目を転じて、外部の事情を見ても同じである。維新以来まだ半世紀ぐらいしか経っていないが、世はほぼ封建的匂いは絶たれた。教育の普及の結果として、人智の発達したる今日においては、その前段の世とは隔世の感がある。数多《あまた》の社会問題の一々が、それぞれこの人生の現実において、的確な解決を得られねば承知できない世となった。このような状況にあって、浄土教は、内部は疲弊堕落し、外部は切り離されて、いかにも心細い運命となった。これを危機といわずして何といいおうか。

東西本願寺を初めとして数多の小本山を抱える真宗といい、知恩院を総本山とする浄土宗といい、何《いず》れも今日においてもなお因習により多少の教勢を張っているが、その実情たるや、今もいうように、内部思想は徹底的に堕落し、環境もまったく激変しては、従来のその得意とせるものはことごとく失ってしまったといえる。

このような今日にあっては、浄土教も猛反省しない限り、教運はついにその挽回を望むことができぬ事態に至るであろう。立教七百五十年、開宗七百年を唱えていかにその記念のお祭り騒ぎを演ずるも、それは意外の弔鐘《ちょうしょう》にすぎないとも見られる。かくて往生思想を歓迎する時代はモハヤ恐らく永久に去った、と見るのが妥当であろう。

親鸞説は色魔の論理である

死後の生活を目的とし現実の人生をその方便とする往生思想は、独り我が国の封建時代の特色であるわけではなく、欧州においても同様で、暗黒時代と呼ばれる中世期は封建制度の行われると同時に往生思想もまた高調せられた。

しかし中世の末期に風潮は一変して、諸国の君主が何れも封建制打破に努め中央集権となるに及んでは、極端なる往生思想もさながら厳冬の結氷が春陽に会えるがごとくに消し去られ、これと入れ代わって登場した新思想は、従前とはまったく反対に現世を目的とし、人生を本位とする近世思想、即ちヒューマニズムであった。

この思想の根本は、人間の独立を尊び人間の自由を重んじる人間中心思想にほかならないのであって、以来今日に至るまで近世三百年間の思潮は大小の差はあれ衰亡し、大きな流れとしては現世本位の根本主義（ヒューマニズム）が定着するに至った。

　この近世的潮流に押し流されるかの一大危機に逢着せるキリスト教徒の態度は、実にわが浄土教徒にも猛省をうながし、今後取らんとする態度を決定すべき絶好の因縁または刺激となった。浄土三部経典の仏説としての神聖視についても同様である。

　善導にせよ、法然にせよ、親鸞にせよ、いずれも阿弥陀如来の化身としてその信者に仰がれてきたことは事実である。しかしこの法悦《ほうえつ》がいつの間にか形式化し、経典や教祖がこれに変わって客観的権威として確立されてゆくに及んでは、個人信仰の権威はモハヤまったく地に落ちてしまったと言わねばならない。しかも教祖に囚われ、経典に囚われて信仰の面目もまた見失っては、ヒューマニズムの落伍者として行き詰まってしまった。

　こうした状況はキリスト教においても同様であった。原始的キリスト教徒がヤソを神の子として味わえる法悦の筆になりし福音書や書簡をいかに調べてみても、ヤソの罪悪意識をヤソ自身の言葉によって立証することは不可能に至った。浄土教徒は西欧キリスト教徒のこの宗教的破産を見て、どのような態度に出ようとしているのか?

　善導、法然、親鸞はモハヤ決して超人間的ではなく、まったく地上でのタダの人間である。ただし彼らは人間たるに相違はないが、普通の人間とは相違して、いずれも深刻なる罪悪意識を抱いている。この点生えぬきの人間である。そこでこの罪悪意識を利用して、世人を先天的罪人扱いにせねばならないということが、新進教家の最も苦心とすることになった事実は否めない。

しかし現代人はインド古代の三世思想やこれと結び付けられた罪悪思想を好まない。教家ももとよりこれについて現代人を説き伏せるだけの用意と自信はない。ここにおいて浄土教徒ほどに現代の宗教界に不徹底なるものはほかにないのであって、教祖の罪悪意識を否定したキリスト教徒の末路もさることながら、これとは反対に祖師の罪悪意識を肯定せざるを得ない浄土教徒の立場はここにまったく行き詰まったのである。

この時にあたり、たまたまかの親鸞教徒が存在した。この高僧を頼んで平生得意の手前味噌を誇らんとするが、その味たるやいかにも奇にして珍なるものであった。

そもそも親鸞教徒が得意とするところは、祖師の妻帯生活にある。その理由は当時の僧界の妻帯禁欲的事情にあって、祖師が人間性を肯定し、人間味を発揮したというにとどまる。しかしその現実たるや、親鸞の妻帯は、内は六角堂における夢告により、外は師匠法然の説得にしたがっての、拒《こば》み難い状況のままに自ら在家念仏者の犠牲となり、心ならずも観音の化身とされる玉日姫《たまにちひめ》を迎えるという、すこぶる非人間的なものであった、ということは記憶されておいてしかるべき性質のものである。

とすれば、親鸞の自発的妻帯は世俗尋常の妻帯と同様に、いや、それよりまさりて正々堂々の天下晴れてのものであったかと言うと、まったく相違していた。その妻帯はいかにも多情多感のもの、いや、むしろ精神病的罪悪意識を伴えるものであって、正常生活者の到底耐え切れざるほどに厄介至極なものであるから驚かざるを得ない。

その実態はこうである。親鸞妻帯の内面的動機はもとより末代念仏者の模範たらんがためと言うようなものではなく、むしろ自分の性的要求の満足によるものであり、それでいて彼は決して世人のごとき愛欲の浅薄なる享楽者ではない。愛欲生活をいとなむや、大地にひれ伏してわが愛欲の見苦しさを痛感し、これを懺悔《ざんげ》して、人間性にしたがいつつもしかもその上に如来の救いを体験されたというごときものであった。

何という苦労性の親鸞であろう。しかしこれを翻って見るに、このような際立った異常なる感傷的色情生活は、これを殊勝なりと言わんよりもむしろ挑発的なものと解するのが至当であって、軽薄なる今日の親鸞流行を評するに、このような異常の変態である限り、親鸞をモハヤ通常正規の妻帯者と目することはできない。醜くし、浅ましともいえる好名辞を盾に色情を語り、如来の絶対的是認を借りてこれを解放せんとする性欲論は、宗教的には何の意義あるものではなくて、結論的には、一介の色魔の論理にすぎない。

ただしこれを真宗の立場よりすれば、その反対である禁欲生活も罪悪となる。いかなる生活であろうと、如来の前ではことごとく罪悪たらざるを得ないからである。とはいえ、ことさらに愛欲生活を禁欲生活より罪悪視するのは、思うに現代の性欲観と浄土教の罪悪観とを握手せしめんとする奇異なる結合である、と判断されるものである。

往生思想は宗教ではないのだ！

現代がモハヤ一顧だもせぬ往生思想を抱いて、その措置《そち》に困りつつある浄土教徒及びキリスト教徒の末路はまず、ざっと以上の通りである。人間がこの世においてトテモトテモ浮かび出る見込みのない程の罪人なら神や仏に救われて来世に往生するの必要もあれ、何の罪咎《つみとが》もない青天白日の人間に何で神仏の救済や来世往生の必要があろう。

自ら罪なしと信ずる者に救いはいらない。救いなければ神は必要ない。いや、あれどもないのと同じである。かくて彼らはいつしか無神論者と成り果てたのである。これは例えれば、彼らは現代思潮という急行列車に飛び乗ろうとして狼狽し、乗るには乗ったがその途端に自分の身元を保証すべき罪悪感という手荷物を忘れたようなものである。

この点、浄土教徒といえども替わりがない。福音書にはヤソが自ら罪悪感を表示した露骨の文字はないが、浄土教に至っては善導《ぜんどう》といい、法然、親鸞もまた前述したように自ら深刻なる罪悪感を語っている。それを今更もみ消してしまうわけにもゆかない。それならいっそ諦めて再度にわたり三世思想を立てて無始以来の罪業《ざいごう》を主張しようが、それは現代においてはモハヤ笑って誰も相手にしてくれぬ行為であろう。

ここにおいて浄土教は現代において明らかに行き詰まっている。何故に行き詰まったのか？往生思想に囚われたからである。しかも往生思想そのものは全然宗教思想とはいえない。まずブッダ直接の宗教である原始仏教を見ても、往生思想がない。それのみか往生思想が根拠とするところの三世思想すらほぼなかった。それもそのはず、元来三世思想だの六道輪廻だのという思想は、ブッダの創唱でもなければ、発明でもなく、事実はブッダ以前からあった社会組織を保護するためのインド固有の民俗思想であったのである。

根本仏教においてはこのようであるが、現代に歓迎される禅宗ごときも明らかに往生思想を認めない大宗教である。死んで地獄に落ちるか、極楽に生まれるか、そんなことはこの宗旨の関するところではない。かくて往生思想のない原始仏教も禅宗もいずれも紛《まぎ》れない真の宗教である。往生思想を抱く浄土教もまた宗教に非《あら》ずとすべき理由もない。したがって往生思想の有無は、本質的にはまったく関係ない偶然の事柄であると見られる。

そもそも往生とは如何なる事柄を指しているのか？　いずれにしてもこの土に死して彼土に生まれることであるという点にあることは間違いない。言い換えれば、われわれの霊魂は不滅にして更に死後の生活ありという思想であることは明らかである。果してかくのごとき思想が現代に通じ、将来も世人をうなづかせるような内容をもっているものであろうか？

しかしながら日本の現代事情にあっては、このような思想はモハヤ過去の一夢である。われわれは自然を征服せねばならない。ますます社会を改造せねばならない。内省して自己を建て直さなければならない。こんな時代に未来世のための準備としてこれを方便視するのは許されない。ヒューマニズムの面目は実にここにあるのである。

ここにおいて往生思想は、客観的価値を固執するかぎり、何はともあれまずその根拠となせる三世思想につまづかざるを得ない。しかるに往生思想はなおも抵抗し、三世思想をカンヴァスとして、その上に更に幾多の模様を描き出さねばならない。その結果これを願行具足だの成等正覚だのと名付けねばならない。そのほかいろいろ工夫して周到に立案されて、要するにここに荘厳なる一大神話を組み立てねばならなかったのである。

いうまでもなく阿弥陀如来は地上の歴史的人物ではない。言い換えれば、インド神話の大立者である。阿弥陀如来は宇宙の原理である真如理体の顕現なるが故に、キリスト教の神のごとき単なる神話伝説の主人公に非ずと誇るのであるが、思想的にはすでに枯死《こし》しかかっている存在にすぎない。このようなものを、信じうるにたるものであろうか？

それでいて独り阿弥陀仏に「必ずわが存在を認めよ」と要求されても、現代人の誰が答えるものか？　それはあたかも慈母がその愛児に向かって、「手をさしだして青天の月を捕らえよ」と言っているようなもので、絶対他力教である真宗においては、聖道《しょうどう》諸宗も及べない難行難修の無理法門たるのほかはない。いかに心細き他力回向の信心よ。

――以上長々と浄土教の批判に努めてきたが、そうかといって私は現代浄土教徒に一片の同情の余地ない者として受け取られるのも不本意である。それはもとより尋常平凡の常識語たるを免れないが、要はただ立教開宗の古《いにしえ》に帰れと叫ぼうとしているにすぎない。立教開宗の古とは、いうまでもなく、各宗それぞれの祖師《そし》に帰れという意味である。

そして祖師の言葉とはいかなるものかといえば、これまで述べてきたところの神話的往生思想そのものである。祖師は明らかに神話により、実は己の語らんとするところを語っているのである。そう、祖師は神話的往生思想を言葉として、これによって遺憾なくその宗旨を語られたのであった。そこで宗教的使命はモハヤ完全に果たされたのである。

そこで問題は再びわれわれ自身のところに帰ってくるのであって、われわれは虚心に耳をこの言葉に傾けて、その言が何を語っているのかを聞き取り、且つ体験せねばならないのである。このような現代精神によって、新しく理解された阿弥陀仏の趣旨こそ、われわれの宗教的要求を満足に満たす、浄土教たり得るといわねばならない。

旧宗教の神話的着色を読む

ここまで延々と浄土教批判論を進めてきて、更に私は筆を清めて以上の論歩を進めねばならぬ。今や本論はすでにその排斥すべきは排斥し、まさに浄土教本来の面目を露にしなければならないことになった。そもそも浄土教は何故宗教なるか？

それは往生思想を有するがためではない。その宗教であるものはまったく別に存じている。一体宗教とはいかなるものであるか？　曰《いわ》く。宗教とは人間をしてその計らいに囚われた生活より脱出せしめる教法たるにほかならない。原始宗教を始めとして、後代に発達した法門の一々を点検せよ。どこに一つとして分別に囚われた人間の生活を改造せしめんとするに非《あらざ》るものがあるか？　分別とはいうまでもなく計《はか》らいである。

阿弥陀如来を信じてわれわれが計らいに囚われた生活を改造し、それによってこの分別苦及び取捨苦を免れんとするもの、これこそとりも直さず浄土教がその精神または目的とするところである。そう、計らいとは分別取捨であり、われわれの意志である。われわれが人生と称するこの現実の生活においては、計らわずしては一日も成り立たないものである。

こうして計らいはもとより人生に必要である。ただしこの計らいに囚われたる生活を営むに当たっては、われわれは猛然として起こってこれを排斥せねばならない。なぜなら計らいは決して万能ではない。自由ではない。いつ行き詰まらぬとも限らないからである。もしもわれわれがこの計らいに囚われては、計らい（自我の思い）はとりも直さず生の行き詰まりそのものであらねばならないからである。

その計らいを野性のままに振る舞わせることは、とりも直さずわれわれが計らいのために囚われた姿にほかならぬのであって、平生はともあれ、人生有事の難局に遭遇するやここに初めてこの囚われに目覚めざるを得ない。仏教ではこれを一大因縁《いんねん》としている。しかしそれでいてまたわれわれはその計らいを断念することは許されぬ。

われわれは言い換えればあくまで計らいをして計らわせつつ、しかも互いに握手して振る舞うままにまったく運命を任せている。そう、計らいに囚《とら》われた現状の不安こそは、宗教的不安の名を示す本体であって、しかもこの不安より脱却せんとする要求こそは、われわれが宗教的要求の名を持って呼ぶ正体にほかならない。この矛盾した要求を満足せしむる方法施設がとりも直さず宗教というものであって、世間でいわれる悟り、安心、信仰などという宗教理想の境地である。

この故に宗教的面目とは、人々が日々夜々に計らえども豪《ごう》もその計らいに囚われざるところにある。日夜、計らいに囚われては、計らいはもはや人生の統一原理ではない。ここに何者が新しき統一原理であるかというに、計らいのみで統一原理足らしめないことがそれである。計らいがなく、しかもそれを含む新しい統一原理こそ新統一原理と呼ばれよう。

そう、人生の新統一原理はまさしく旧統一原理の破壊にある。この旧形式の破壊である新統一の形式は、一方で有にして且つ無であるとか、あるいは有でも無でもないというように、誰の目にも奇々怪々のものであるが、しかしそれでいてこれが真実体であると言わねばならない。それを次に挙げる二種事例に転じて鮮明にしてみる。

【甲】差別は平等にして、平等は即ち差別である。

【乙】女郎の誠に、玉子の四角、三十日夜々の良い月夜。

いうまでもなく、この有名な諺《ことわざ》はいずれもその形式において、まったく同一である。差別ならば平等に非ず、平等ならば差別には非ずとするが、宗教はこれを破壊しさって、差別即ち平等、平等即ち差別を語っている。乙の原理においても同様である。これは即ち計らいに囚われた旧統一の破壊、いい換えればもはや計らいに囚われない新統一の成立を示す原理ではないか。故に宗教独特のこの反論理的形式こそ貴重な認識根拠なのである。

しかるに何事ぞ、世の仏教学者なるものがこれらの諺に対するや、多くはまったくその言葉にべったりとくっついて、これがためにややもすれば肝心の形式を抹殺してしまうとは情けない。彼らは甲の諺をもって差別と平等の関係論なるかのごとく納得し、水の水たる所以《ゆえん》は平等一味なれどもその大波小波は差別ではないかとすましている。

また乙においては女郎にも本然の誠はあり、玉子も切りようで四角となる、三十日もさらに幾夜経れば満月なりと平然としている。これは宗教についての最も俗悪な解釈であると言わねばならない。差別と平等とはむしろ哲学者の用語であって、宗教においては何の関係もない言葉である。しかもこの用語を借りてこの形式を語るその訳は、形式をとって解釈を容易ならしめんとする哲学的着色にほかならない。

甲、乙の俗語においても同様である。この語を借りてそれぞれの矛盾せる二者とせず、それ自身、事実本体の一体性を表す俗語に託しての解釈を容易にする手段にほかならない。いわば文芸的着色にほかならないのである。もしこの着色に誤りあらば、およそ宗教的理想の諺としてこれに勝る程の方便がほかにあるであろうか。

そう、このように仏教においては古来より、その荘厳なる法門の施設として説明するに鮮明なる「三大着色」が行われ且つ発達してきた。その二つは右に挙げた哲学的及び文芸的着色であるが、残る一つはつぎに述べるごとき浄土教の神話的着色である。

信仰と念仏との融合であれ

往生教とすらも呼ばれる浄土教の神話的思想は、つまりは宗教という語りものを物語る言葉にすぎない事情はすでに述べた。そこで今はいよいよ宗教的に大成された上において、それはいかなることをわれわれに向かって教えようとしているのか——ということを吟味しなければならない。

善導はこれに答えて、それはわれわれに向かって「深信《じんしん》」を発揮せよと教えるものであると示したのである。もしも人に深信の発揮がなければ、阿弥陀如来の五劫《ごこう》〔一劫は仏法上のべらぼうな長さの単位〕の思惟《しい》といえども、無効無意義に期するのほかはないと認めている。「決定して深く信ず」ともいうが、言うまでもなくこれは、不動の決心を意味するに相違ない。そしてこの不動の決心には二態あるという。

その一は「自分は罪業深重でとても浮かび出られない」というものであって、これは機の信心と呼ばれている。二は「自分は阿弥陀如来の願力に乗じて必ず救われる」と言うもので、これには法の信心と名付けられている。そう、浮かばれぬ身であって、同時に浮かばれる身である。これが要するに浄土教の信仰の面目にほかならない。

これが本願〔誓約〕の本願たる不思議なところである。佐々木月樵《げっしょう》の『支那《しな》浄土教史《じょうどきょうし》』ではこの矛盾する二種深信を解して「この二命題は論理的に明らかに相反するジレンマである。しかもこの両者また同時に浮かばれるとするのが他力決定の深信である」と説明する。しかも「この両個の思いは同時に矛盾なく融和厳存する」という。

このような二種深信の告白は、あたかも精神錯乱者の言のように見える。しかしいってみれば、これは計らいによって統一された人生の現状を、阿弥陀の本願を縁としてまったく破壊しさるの謂《い》いにほかならぬが故の真実である。これが旧統一の破壊を成就した、新統一の形式であって、あたかも神話的に着色されたものの成就である。

さて、それでは次にこのような深信を発揮するためには、どのような方法を取るべきであろうか、となる。それには念仏を称えることである。阿弥陀如来の本願とは、言うまでもなく仏の四十八願中の第十八に置かれる念仏往生の願である。ここには要約すれば「わが名号を信ぜんものは、必ず往生するを得せしめん」とある。

しかしこの名号を称えることについては、古来浄土教各派の学者は、信ずることと称えることとの関係について迷いつづけてきたものである。要は「名号を信ずべし」と力説する主信派と、「名号を称うべし」と主張する主行派との分化によるものである。

主信派は何はともあれ名号を信ずべしと力説する。それでは「信ずる」とはいかなることを言うのであるか？　それは名号を聞いてそのいわれを疑わない意味である。

「仏願の生起本来を聞いて疑心なきなり」の意味である。われらはこの念仏を聞いて「過去以来罪人である」とか、「阿弥陀如来ありと聞くが、それは本当か」などと問い、「それは真実か」と問う。しかしそれらの問いはすべて一切の承認はまったく関係ない。なぜなら、思えばわれわれが「そうだ」と肯定し、あるいは「そうでない」と否定する。それらはまさにこれも紛《まぎ》れもない計らい（自力＝自我）の言葉にすぎないからである。

浄土教は仏への絶対他力の思想であって、自己自力の思想ではないのである。

それに対し主行派は、主信派と反対に、何はともあれ名号を口称すべしと主張する。それではそのいわゆる口称とはいかなるものであるか？　それは声について計らいにつかない意味である。法然上人は日頃衆生に勧めて「煩悩《ぼんのう》の薄く厚きを省みず、罪障の軽き重きを沙汰せず、ただ口に南無阿弥陀仏と称えて、声につきて決定往生の思いをなすべし」と示されたのであった。計らいは宗教的には何らの価値もあるものではない。

この計らいをすべてこれを声に奪い、計らわんとする注意心を声に変えて、決定往生の思いをなすべしと勧められたのである。決定《けつじょう》の思いとは、これが浄土教の信仰であって、声の相続する間には、計らいはいつしか声に奪われて計らいない信仰が自ずからやってくるとされたのが法然上人の識見であった。すれば声はあたかも起信論のいわゆる因言遺言の趣旨と相応するものであって、両者は統一融合されるのである。

『蓮如上人御一代聞書』の中に、「賛嘆ノトキ、ナニモオナジヨウニキカデ、聴聞ハ、カドヲキケトモウサレサウロウ、詮アルトコロヲキケトナリ」とあるが、この際留意すべきところはこの心得である。カドとはこれを主行派についていう時は「称《たた》えよ」の命法であり、さらに主信派についていう時は「信ぜよ」の命法である。この故に何れも帰するところは、浄土教の言うところのわが計らいを離れ、真に仏に頼る（他力）意味である。

この計らいを離れるの意をキリスト教と比較すれば、この教えの最も嫌うことは「唯物論」である。唯物論では自己の信仰のすべてが失われるという思いといえよう。しかし浄土教にあっては余裕綽々《よゆうしゃくしゃく》唯物論ものかわ、痴愚善悪のすべてを吸収して救わんとする実に超世本願の聖約なのである。その広大無辺の状況がこの教えの本願である。

ここにおいて浄土教にあっては、神話によって語られる信仰が本《もと》であって、信仰を語る神話は末であらねばならない。言葉としての神話が、信仰を語るについての最もふさわしい伝達法の一つであることは極めて明瞭である。そこで私の趣旨は要するに、本願の解放とは、すなわち浄土教の復古であることは充分に理解いただけよう。

学問、神話の客観化を排す

浄土教をして七百年前における清新の面目に立ち返らせしめ、これによって現代並びに将来のために賦活《ふかつ》させる仕事はほぼ前五項においてやり遂げられたと思う。この上になおも進んで教学の過去を顧み、研究してゆく仕事は浅学の私には身にあまる仕事である。

しかしながらこれまでの叙述を受けて、浄土教の前途を考えるのに、その根本の方針に関して、もはやすべて終えたとはいい切れない。私は本論の終わりに望んでもう一項を付け加え、宗学を探究することは、決して無意義な仕事とは思えない。

そもそも宗教は学問ではない。まして民衆を導くのを得意とする浄土教が、求道《ぐどう》の要件として学問を認めないのは自然の理である。それ故に、この国の今ある浄土教各派を見るに、独立の念仏といい、白木の念仏といい、無義の念仏というのも、いずれもその趣旨を伝えるものである。独立の念仏、白木の念仏、ことに無義の念仏とは、念仏は決して学問の謂いではないことを示すものである。元祖法然上人曰く、

「念仏を信ぜん人は、たとひ一代の法を能々学すとも、一文不知の愚鈍の身になして、尼入道の無智の輩に同して、智者のふるまいをせずして、只一向に念仏すべし」

しかるに何事だ。現に浄土教の各派において見るに、いずれもみなそれぞれ宗義だの宗学だのと言うものを持っている。しかも彼らの言わんとするところは、ほぼ便宜的に三種として概括される。一、聖浄論、二、真仮論《しんかろん》、三、行信論の論目であって、まず聖浄論とは、浄土教以外のあらゆる聖道に対する関係の決定であり、次の真仮論とは浄土教の中で別れた方便と真実との二教について、後者が前者に対して持つ関係の決定である。

最後の行信論とはこれこそこの宗の最重要の問題であって、すなわち阿弥陀如来の本願の名

号とこれを信じ称えることとの関係の決定である。この論は今日さして重要な着眼点ではないが、徳川中期以降は中心問題となり、結末においては一方には信心を動機として名号を見た名号動機論と信心を結果として名号を見た名号結果論との対立であった。

このような論議が出てくる動機はどの辺にあるのであろうか？　それを知るには二個の動機があって、一は宗教的動機、二は非宗教的動機であることを認めねばならない。まず宗教的動機とは、信仰を語る言葉としての経論釈の思想を整理して味道の経路をなるべく自然にして、自らも味わい人にも味わせる法楽の道である。そして非宗教的動機とは、信仰を語る言葉としての思想を、単に言葉に止めず、別にそれらの思想について更に客観的な価値を認め、実在的に納得させる客観的真理たらしめんとする傾向である。

言い換えれば前者は信仰を主とし、神話を末とするものであるが、後者は神話を主とし信仰は末とするところに違いがあるのである。しかし非宗教的動機論は、時代の思想が一新してモハヤその動機論はまったく行き詰まってしまっている。

これは信仰として語る言葉を無謀にも客観的真理にしたことが根本的な原因であった。詳言すれば、信仰が神話によって語られつつある間に、いつしか信仰至上主義と神話至上主義との両者の動機が対立して消長し、後者がついに教義整理の宗学を支配するに至ったことが、疑いもなく宗学滅亡の致命傷であったのである。この歴史上の厳然たる事実を今日のわれわれは充分に認めねばならない。その現実に浄土教徒は目覚めよ、である。

しかもここで言っておくべきは、その構成においてである。およそ宗教的動機に基づく学説は、いかに煩瑣《はんさ》を極めようと、豪もこれが宗教の面目をつぶすものではない。なぜなら宗教的動機は信仰をもって本位とする。信仰は前記のごとく計らいに囚われざるをもって本旨とする。ここに宗教がいかに分化しようと、それらの一々はみな本旨に立ち返り立ち返りしてゆけば、みな同じとなる。囚われないが故に何らの支障もない。

神話はモハヤ客観的真理の要求を放棄するか、それでなければなおも計らいを勧めて、その要求を貫徹すべく出直さなければならない。しかしながら例え幾度出直そうと、文明の逆転、中世もしくは封建の世を回復しなければ成り立たないだろう。したがって真の浄土教は、この非宗教的動機との腐れ縁を断ち切らざるを得ないのは自明である。非宗教的動機においては、その延長はすべて間違いとならざるを得ないだろう。

もう一度言えば、計らいのないところに安心があり、それを味わってしかも計らうところに浄土の教義がある。宗学がいかに派を分かち、流を異にしても、祖風を宣揚しようとする限りにおいては究極のところ古今東西みな同じである。

ここにおいて最後に私の言いたいことは、「宗学の動機に留意せよ」という一言である。宗学の仕事は、過去の整理と将来の開拓とに区別されるが、前者の目的は先哲の思想を吟味してその面目を発揮するにあり、後者の立場は自らこれら先哲の思想に習って宗学界において一個の創造家となることであるが、そのいずれにしても今後の宗学界は大いに宗学の動機を警戒する要がある。動機如何によっては宗教はどのようにも変換される。

非宗教的動機は信仰を本位とせずして、単に言葉たる神話を、そのものをもって本位とする。これは神話を権威付けんとする、神話を直ちに客観的真理たらしめんとする野望の宗学である。現代においては現代の社会にのっとり、祖風をもまた生かしてゆく。それが本来の宗教と現代を結び、現代浄土教に要求される唯一の言葉となろう。

第三章　哲学的に完徹せざる浄土真宗
――田辺元「他力仏教とキリスト教との異同」改訂――

田辺元　一八八五～一九六二。哲学者。東京に生まれ、第一高校から東京帝国大学数学科に入り、後哲学に転じた。二十八歳で東北大学理学部講師、一九一九年西田幾多郎に招かれ、京都帝国大学文学部助教授。一九二七年教授となる。一九五〇年文化勲章授与。宗教にも関心を抱き、浄土教批判を行う。趣旨は阿弥陀仏の一方的救済を批判し、絶対者と衆生双方の否定的媒介においての、衆生の自力、自発性をうながした。

倫理の媒介なしの浄土教

前章の終わりでは、美というものをも引き合いに出して、個性をもった存在と存在とが結びつき、あるいは個別的事実と事実とが、互いに媒介しあう関係は、有として合一するのでなく、無を媒介にして統一せられるのであるということをお話しました。いわゆる万物と我とは一体であるとか、天地と我と同根であるとかいうのも、その意味であると申したわけです。

これはさらに絶対と相対として、矛盾的に相対立するものが、有側無、無側有（仏教的に言えば色即是空、空即是色）として交互に媒介しあうことになるのですから、その場合あくまで交互的でなければならぬはずです。

すなわち（前章のしまいに申した）プラトンの弁証法にしたがっていえば、彼の中期イデア論におけるごとく、絶対に相当する善のイデア、したがってまた諸事物の原型的形相としてのイデアというものが、現実存在に先立ちそれと無関係に存立し、現実存在はただこの形相を実現し、イデアを分有する限り存在性を得るという一方的理想主義の立場が、十分具体的であるとはいわれないのであって、逆に絶対の方が同時に自己否定的に自らを相対に媒介し、イデアの形相に対する否定的媒介としての質量の原理（シェリング〔ドイツ・ロマン派の学者〕においては「神における自然」と呼ばれるもの）を前提しなければならぬのです。

そこで絶対はもはやイデア性を失い、善のイデアと呼ばれることはできないのであって、むしろプロティノス〔ギリシャ中世の人生哲学者〕におけるごとく愛と呼ぶのを適当とする一者の転換的統一原理となるわけです。それはかえって相対を自らの否定的媒介とし、常にこれを許し生かすのですから、その統一の半面には分裂、過誤、転落の悪が裏付けることを免れません。したがってそれを通して絶対の統一が保たれるには、悪が悪のままで善に転ぜられ、愛とか慈悲とかいうものによって、絶対に摂取せられること以外に救済の途《みち》はないわけです。

もはや相対者たるわれわれは自力によって解脱することはできないのであって、われわれが絶対無に働かれ、自己の罪悪深重にして地獄必定《じごくひつじょう》なることを自覚懺悔《ざんげ》せしめられ、それと共に絶対の大慈《たいじ》われを救うことを心証せしめられるばかりです。その心証を媒介する行《ぎょう》として念仏というものが、浄土の信仰を確保する方法となったのです。

「南無阿弥陀仏」〔阿弥陀仏に帰命せよ」の意〕の名号は、阿弥陀仏が衆生救済の本願を成就するために衆生に呼びかける招喚《しょうかん》の声ですから、その名号たる働きが衆生に対する阿弥陀仏の存在にほかなりません。それに応ずる衆生の称名念仏は、自ら弥陀の本願にあずかり、その功徳を他の衆生に分かたんとする報恩の行であり自己の救済の証《あかし》であります。すでに禅というものも、単なる般若《はんにゃ》開発〔智慧の開発〕の立場がいわゆる画餅不充飢《がべいふじゅうき》〔絵に描いた餅で腹の足しにならぬ〕という抽象無力に堕するのに鑑《かんが》みて、師家の直接の鉗鎚《けんつい》〔厳しい教導〕による実践的修行を重んずる結果発達したものでありますが、時勢の変遷とともに師家《しけ》凋落《ちょうらく》しさり、漸次に影響力を失ったのです。

その傾向に伴い、自力の無力絶望感と共に他力念仏の浄土門が、聖道門に対し、易行門として民衆の信仰を獲得したのです。大乗仏教の裏面として竜樹《りゅうじゅ》〔インド古代の仏教研究者〕の初めから仏教を裏付けた浄土信仰は、念仏行信として発展したわけであります。

それは自力開悟の立場に対し、あたかもプラトンのイデア論に対する彼の後期弁証法、またはプロティノスの愛の立場に比すべきものとして、具体的否定媒介〔実際的自己否定媒介〕に徹しようとしたものと認められます。このような意味で仏教の発達の頂上に立つ浄土真宗というものは、はなはだ尊重すべきものといわなければなりません。

しかしながらどこまでも否定的な立場に立って、絶対もなおいわゆる絶対媒介でなければならぬという弁証法を徹底するには、もはや悪が善によって打克《うちか》たれることが絶対帰入〔絶対に組み込まれる〕の条件でなければならぬという弁証法を徹底するには、もはや悪が善によって打《うち》克《か》たれることが絶対帰入の条件であるという理想主義を捨てて、倫理の絶対・相対の二元的価値対立の立場を、絶対否定的に止揚しなければなりません。

ところでこのような否定的媒介の立場というものは、決して直接に倫理を否定し無視することを意味するものでないことは勿論です。かえって反対に、命がけで厳粛に倫理を実践しようと努力するからこそ、初めて自己の無力も自覚され、悔恨から懺悔を通じて絶対の愛に転ぜられ、大悲に救済せられることができるのです。

また浄土教というものが倫理の媒介なしに説かれ、懺悔《ざんげ》の転換を経ずして念仏の行が勧められることになると、今お話したような弁証法は、その原動力である否定性を失って、単なる直接の教理に頽落《たいらく》せざるを得ない。他の宗門の立場で、教理の修得や戒律の実践が義務として重んぜられるのと異なり、他力念仏の立場では一般に当為を退け自力の努力を軽んずる結果、倫理以上に超出するかわりに、倫理以下に頽落することを免れません。

仏教中でも念仏の宗門が、最も堕落しておるのではないかと思われるのは、この理由によるでしょう。親鸞が「往き易《やす》くして入りがたし」といったのも当然かと思われます。まことに念仏の道を行く人は、はなはだ稀《まれ》であるわけです。

非局所的場の矛盾的存在

さらに他例を引くに、今までにも引き合いに出ました庄松という妙好人は「どこにいても、寝ておるところが極楽の次の間じゃ」と言ったというほどに、信仰心を抱いていた人であるのに、その臨終間近、友達の同信者が、浄土往生を喜んでいるかと問うたのに答えて、「喜びどころか苦しくておれぬわ」と言ったと伝えられておるのは、弁証法的止揚統一というものの、否定的媒介的〔自己否定的媒介〕であることを示して余りがあるといってよいでしょう。

親鸞八十六歳の作に愚禿悲嘆述懐と題する和讃がありますが、その初めの一節は、「浄土真宗に帰すれども、真実の心はありがたし。虚仮《こけ》不実のわが身にて、清浄の心もさらになし」というのです。真宗の開祖たる親鸞が、『教行信証』の主著に、浄土真宗の基礎を確立してから三十余年経た八十六の晩年に及んで、なおこの悲嘆述懐をしなければならなかったということは、他力信仰の裏面または地床が、直ちに絶望懺悔であり、決して表裏なき一面の自得満足でなかったことを示すというべきでしょう。

絶望的苦悩と帰依安心とは、相互に矛盾し、否定しあいながら、緊張を通じて相透入し、相依り相支え、もって無限の深みに動静一如、生死即涅槃の統一をなすものと思われます。親鸞の遺言として伝えられる、「それがし閉眼せば、加茂川に入れて魚にあたふべし」という語のごとき、末流念仏者の安易な満足に似ても似つかぬ、むしろ禅者の峻厳《しゅんげん》超脱に通じるものがあるというべきでしょう。

私はここに、他力浄土の信仰がしばしばそう解されるごとくに感傷的安逸《あんいつ》的なるものでなくして、あくまで否定媒介の厳粛なるものであることを信ぜざるにあたわざるものです。それはまさに弁証法的であるといわなければなりません。

しかしこのように、救済を否定媒介的とし、懺悔を通じて罪障《ざいしょう》を転換する仏の大慈大悲《だいじだいひ》に摂取せられるが故に、罪悪深重《ざいあくじんじゅう》の身をもってそのまま救済を約束せられるのであるとするならば、その約束はあくまでも相対者の自由なる信受を認める約束であって、懺悔転心に媒介せられる限り、衆生の相対性を入れて、その自発性をそのまま許すという、絶対者自身の自己否定性を含蓄するものでなければならぬでしょう。

そこには相対者の自由自発性の余地があるから、ただ一方的に絶対が相対を完全に限定し、それを点的〔バラバラ〕に個別化して、さらにそれを集合として統合し、その一々を確定的に全体としての自己の内部に定位するというごとき空間的体系性を成立せしめることはできないはずです。そのような固定的空間的定位性は、相対が自己否定的に不確定的動性を有し、「時間的過去」即「未来」の弁証法的統一をなすものであるということを没却する。

これは現実の歴史性に矛盾するものであります。歴史においては過去は、個人の未来的行為の地盤としてこれを支えると同時に、これを拘束する社会の伝統として、それに自発的行動の動機を与えるものです。

それ故に歴史社会における個人は、自らの内に限定と突破とをたたみこむ自己否定的自発性を有し、自由行為の方向、その運動の速度ないし運動量を含むところの、力学的相対存在であると言ってよい。それは空間的場所の定位を表示する単純な点ではありません。自らの自由可動性に相当する不確定帯を自己の縁暈《えんうん》〔くまどり〕にもつ複合体（種）です。

換言すれば、それは単なる平面上の点でなく、立体的に深さをもつ、その深さが自発的動性として点の周囲に反映したものが、すなわち仮想帯としての縁暈《えんうん》であると解されるでしょう。前に述べたプラトン弁証法の質料というものがこれに相当するのです。そのため場所的に限定せられ、したがって局所的でありながら、しかも不確定性のために非局所的であると言わなければならないような、矛盾的存在であります。

この頃の物理学の素粒子理論においては、非局所場という概念が論ぜられておるようですが、それはまさにこのような矛盾的概念であるといわなければなりません。

その由来は、空間の場所的性格すなわち局所性というものが、時間の弁証法的統一による複合性すなわち非局所性というものと、不可分離にからみ合って、即今というべき「この今」が、「局所的」即「非局所的」、「非局所的」即「局所的」とでもいうべき矛盾的統一をなすことにあるのでしょう。約言すれば、先に述べた時間の原子性、素粒子性というものが、その由来をなすと考えられます。

私が西田幾太郎先生の「逆対応」のお考えを、深い真理をとらえられたものとして嘆美するに関わらず、無の場所とか、行為的直観とかいう概念によって立つ、いわゆる場所の論理にご同意しかねる理由です。

こういう理論は、いかに空間と時間との弁証法的統一を説いても、時間の素粒子的複合性、立体的力学性、すなわち質量的不確定性というものを見ないので、実は弁証法の媒介性を徹底するものとはいわれない、最後に絶対者の無媒介的一方的限定をもって、直観的に相対者の個別的全体を統一しようとする点において、絶対は単に相対の矛盾を含む自己同一者であるという超越的場所性を残すものと考えざるを得ないからです。

仏教と救済主義の間の溝

それはプロティノスがプラトンの弁証法に立脚しながら、その非体系性にあきたりないで、プラトンの弁証法的一（パルメニデス篇における）を超えて、これを愛の直観によりとらえられる一者にまで超存在化したのに比較されるでしょう。いかにその一者が弁証法的に否定的媒介を必要とすることを力説しても、最後に包越的統一を一者の直観として認める以上は、もはや無とはいわれない超存在者が、存在の根柢として優先し、自己否定的でなく、それ自身直接に充溢《じゅういつ》発出するところの光源として太陽に比較されるわけです。そこでは愛といっても、エロス（超個的自愛）に止まり、アガペ（自己犠牲的慈愛）とはなりません。

西田先生の場所的直観もなおプロティノス的なところがありはしないでしょうか。それは無の象徴を信においてとらえるものでなく、生の表現を直観的に形成するといわれるものだからです。したがってそれはなお神秘主義の残滓をとどめ、弁証法の徹底であるとはいわれません。私の反対せざるを得ないゆえんです。

今見たように、最後の一点においてでも、絶対の無媒介的一方的限定というものをもって相対を規定することになると、絶対が自己否定的に自らを制限し、相対者の自由自発性を認めてそれにまかせるということが希薄になります。すなわち絶対は発出論的〔スタートにおいて〕に相対を完全に知り尽くすから、その裏に相対の自由不可測性の縁暈《えんうん》を残すことはないといわなければなりません。

プロティノスの神たる一者も、そのような超理性者として、一切の存在を永遠の統一に包み、その永遠の影として、時は、この永遠を継起的に解きほぐし、その内容の持続に永遠を映し出そうとするものと解せられたわけです。

仏教の真宗教義においても、阿弥陀如来が因位において法蔵菩薩としての修行を無量劫の久しきにわたり行い、その功徳を衆生に振り向け廻向して、一切衆生の行業を予《あらかじ》め清浄化しておくから、この如来の功徳に基づく救済の本願を信ずるならば、衆生はその造罪の多少を問わず、修行の久今を論ぜず浄土往生に決定せられる、と説くのです。つまり相対者の自力的行によらず、道徳的善に関わりなく、ただ宗教的信によって救われるというわけです。

ところで如来がその本願の前提として、自己の修行の功徳《くどく》を衆生に回施《かいせ》し、予《あらかじ》めこれを清浄に化するというのは、やはり知的に衆生の行為を予測してそれを清浄に転ずる意味ですから、衆生の行為が相対として、どこまでも不確定的不可測的陰影をもつとは考えるわけでないでしょう。

もちろんそのような絶対の知は、相対から見てただ不可思議というほかありませんが、しかし絶対はこのような絶対の知を有するが故に絶対とせられるのですから、それ自身に自己否定を含み、その否定の媒介として相対の行業を認め、これをその不可測の自由自発性のままに残してそれにまかせておくということは、あり得ないわけです。

すなわち一方的に絶対が相対を限定するという、知の確定的透明性・無陰影性が、如来の功徳回施に含まれるといってよいでしょう。しかしこれは、プロティノスの愛と異なり自己否定性を本来その特徴とするところの仏教の大悲と、食い違うといわざるをえません。つまるところ仏教の主知主義と、浄土門の如来大悲の救済主義との間に溝がありはしないか、疑わしいと思います。

ところで、プロティノスにせよ真宗仏教にせよ、絶対の無媒介的一方的なる相対者限定の主知主義というものは、主知主義が思惟《しい》即存在という同一性の立場に立つ以上は、相対者の自己矛盾という不確定性を入れる余地はないわけです。

それはあくまで自己同一的表裏一面の場所的局所的限定にほかならないからです。いわば数学的に透明なるイデア的観念体系を形造るとしても、不確定的仮想速度を有するごとき力学的立体的自発形態であることはできないのです。それがプラトンの弁証法的質料性に媒介された、悪の自由を有する自己矛盾的存在であるとは考えられないゆえんです。

しかしこのような自己矛盾性、すなわち自らの自由を否定する悪の自由というべきものがなくては、具体的に自由なる固体存在というものは成り立つことができないと思われます。もちろん自由は、具体的には、善をも悪をもかってに選び取ることができるという意味のいわゆる形式的自由、すなわち無記の、選択の自由であることはできません。

それは相対的存在の、絶対による限定性と、その媒介となる相対相互の限定性との、共に許さざるところだからです。

反対に、相対者の自由は、一方においてあくまで絶対に根抵づけられたものでなければならぬと同時に、他方において、絶対から容認された自己矛盾的不確定性としての自発性、すなわち善の自由を常に裏付けるところのいわゆる悪の自由というものを保持し、しかもそれが自由と呼ばれるに関わらず真の自由でないことを自覚して、懺悔道的に、そのような自由のない悪の不自由を進んで自らに負うことにより、これを突破するという自由を、前の方面〔未来〕に対し、実現しなければなりません。

宗教上の知と愛と自由

この絶対と相対との対立、並びに相対自身の自己矛盾なる二重の対立の、相関的二重統一というものが、初めて相対者の自由を成立せしめるのです。

それは「対外的対立」即「内部的対立」としての力学的対立を、「緊張」即「転換」の統一にもたらす自己否定的愛の立場であります。アウグスティヌスが苦しんだ自由の問題は、このような弁証法の徹底において、同一性的に解決できない矛盾が、その自覚において同時に突破せられることにより、解決せられずしてしかも解決せられるのではないでしょうか？

その根抵となるいわゆる愛は、プロティノスや仏教の、単なる充溢発出《じゅういつほっしゅつ》、光被包容《こうひほうよう》というごとき直接的なるものではなく、あくまで自己否定的媒介的なるものでなければなりません。いわゆる「戦う愛」とか「愛の戦い」とかいわれるゆえんでしょう。自由も「不自由の自由」、「突破の自由」でなければならぬわけです。それはプロティノスや仏教の主知主義的同一性の立場を捨てて、プラトン弁証法の根源に帰ることにおいて達せられるものと思われます。アウグスティヌスが苦心探究したのもこの道であったといってよいでしょう。

近世になってシェリングが独創的な自由論を建てたのも、この道を追求した結果です。弁証法が自由の論理であること、その媒介としての質料性、すなわちシェリングのいわゆる、神における自然、というごとき否定媒介の原理は、現実の理解にとってははなはだ重要なる意味をもつものといわなければなりません。

しかるに大乗仏教の発達の頂点を示すものといわれ、仏教一般に欠けると認められる歴史哲学を独自の立場から展開して、仏教本来の観想的態度を変更し、行信の社会作用を絶対者の大悲本願に根底づけられたものとする立場に転じ、絶対相対の転換的交互性を、相入相即の極点にまで徹底したごとくに見えるところの浄土真宗が、今、お話したように、実は最後の一点において媒介の弁証法を徹底せず、一方的に絶対の相対に対する止揚包摂《しようほうせつ》に偏して、他方絶対自ら自己否定的に相対の不可測的自発性を認め、これをその自由にまかせてそれを生かし、それを絶対自身の否定的媒介に転ずるという半面を見逃したのは、交互的媒介の徹底に一貫を欠いて九仞《きゅうじん》の功を没するものであるといわざるを得ません。

これは此土《しど》因果〔現実の因果性〕の世界をそのままにしてこれに干渉しないという知的立場を維持しつつ、相対の価値的対立を浄土往来の平等により無差別化し、如来の功徳廻向《えこう》によってこれを一様に清浄化する、と考える結果である。

しかしこのような一方的立場で、どうして弥陀の大悲が此土生死の世界に透入し、これに働きかけて聞信《もんしん》念仏〔聞いて信ずる〕の浄土往生を成ぜしめることができるでしょうか？　ここに知的観想の二元性と作用透入の一元性との食い違いがあります。

これを解決するには、知的観想と言われるものが決して一方的反映にとどまるものでなく、かえって受動即能動として交互的媒介の関係を含み、実はいわゆる行為の構造に呼応するものであることを自覚する必要があります。現代科学の行為的自覚性が宗教に対する関係にまで影響することを、私がかねて力説するのもこの点に鑑《かんが》みてのことです。

こういう見地に立てば、此土と浄土との交互作用的透入は、弁証法的否定的媒介の徹底として初めて十全に理解されるわけです。元来透入ということは、単なる一方的貫通作用の結合によって達成されるものではありません。徹底的に交互的なる転換相入によって初めて成立するのです。これに対し、一方が他方の対立を超えてそれを包むものであるという考えは、誤解の源だと思います。

このように、絶対の超越的一者を、場所的に直観せられるもののごとく解することは、正しいとは思われません。綿密にして深邃《しんすい》なる鈴木大拙《だいせつ》先生の真宗解釈（『浄土系思想論』等）でさえも、なおこの点に問題がありはしないかと疑われるわけです。逆上れば親鸞の教義そのものに、未解決の二元性のあることは否定できないのではありますまいか。

あるいはむしろ、仏教の知的立場そのものの限界が、真宗の行的立場の展開にともなって曝《ばく》露《ろ》せられ、而《しか》してこの危機的突破が仏教の死活に関わると同時に、真宗が果してその危機突破を遂行しおおせるかどうかによって、自己の運命も決せられるのであるというべきでしょう。

ところで今申したように、弥陀の本願が一方的に往生を決定し、衆生をそのまま平等に摂取するというだけで、逆に本願そのものが、自己否定的に衆生の個性を自らの媒介として生かす側面を欠くのは、衆生の個別存在を成り立たしめる伝統的地盤となり、同時にそれを否定転換することにより個体の不可測的自由を媒介するところの、種的共同社会というものを認めない抽象性に由来するものであると言わなければなりません。

いわゆる業の因果性によるのでなく、また因果応報の賞罰観念に支配せられるのでもないところの、義務を義務のために遂行する道徳的当為というものが、共同社会の倫理を通じて個人の自由を根拠づけるものであるとしますならば、その倫理と自由、社会と個人という対立は、究極において、カントのいわゆる「実践理性の弁証論」に導く二律背反を、避けることができなくなるのです。

宗教的救済の社会的媒介

その行き詰まりにおける絶望は、ついに懺悔を通じて「自力」即「他力」の転換に働かれ、この転換において、「無」即「愛」と言ってよい絶対否定の大悲に摂取せられることになる。これが本願の信受にほかなりません。しかるに真宗の救済が弥陀の一方的無媒介摂取となるのは、すなわちこのような、他力信仰に対する自力的倫理の媒介を欠くからです。それは現世的存在における個人の社会的制約を無視する結果です。

先にプラトンの質料といったのも、いわゆる自然的物質にとどまらず、むしろ具体的には、このような人間存在を制約する社会的環境を意味するものと解すべきでしょう。かくして、仏と人間との社会性が、人間相互の社会性と媒介せられるという真宗教義の特色をなすものが、真に具体的なる歴史的根拠を持つことになります。

この真宗教義の社会性というものに着眼せられた鈴木先生の深き洞察《どうさつ》に対して、私は尊敬おくあたわざるものですが、しかしその根拠はさらに一歩を進めて、種的共同社会の弁証法的性格にまで追及せられなければなるまいというのが、私の考えであります。

そもそも仏教発現の思想的基礎となったものは、すでにインドの民族的政治ないし倫理の枠を超えて、人類的普遍の形而上学に自己の安心満足を求めた貴族階級の哲学（いわゆるウパニシャッド哲学）であったことはご承知の通りです。これにより仏教は本来、知的観想の産物であったわけです。それが支那に伝えられて漢民族の実際的傾向と結びつけられても、寺院仏教として僧侶の手にその発展と伝道がゆだねられていた限りでは、現実社会と接触して、その倫理ないし政治を宗教の媒介たらしめるごときことは、課題として取り上げられることがまったくなかったのも当然でしょう。

しかるに法然・親鸞の出た日本の王朝末期から武家時代初期にかけての歴史的状況というのは、社会構造の変化、支配階級の交代とともに政治的変革、倫理的転倒の頻発した時期で、運命の転変人心の不安が、その極に達した危機であったことはご承知のごとくです。

このような時代に法然が特権階級の逃避手段にすぎなくなってしまった聖道仏教を見限って、

その道における自己の造詣《ぞうけい》を犠牲にし、他力浄土の易行門を開いて民衆のために念仏の平民仏教を唱道したことは、よしそれが、教義上支那の浄土教につながり、逆上ってインド仏教の浄土論に源を発するとしても、その現実的影響において、彼自身の歴史的経験を通ずる菩薩道的自覚が、民衆への同情に結びついたことに負うところの大なるは疑われません。

親鸞がその門から出て、その教えを純化徹底し、浄土真宗として他力念仏の専修正信を『教行信証』に組織したことは、まさに仏教を新しき段階に推し進めたものであります。特に教理の整備徹底において法然を超えることは言うまでもありませんが、先にも触れましたように、悲嘆懺悔がその一生を貫き、教理組織の努力の半面を裏付けたことは、まことに顕著なる宗教人として親鸞を特色づけるものと思われます。

真宗が大乗仏教の頂点を示すという、鈴木先生の下された評言は、何人もこれを正しいと認めなければなりますまい。しかし発達の頂点に立つということは、同時に頽落《たいらく》の危機に望むことでもあったわけです。僧院宗教を在家宗教に転じ、寺院を捨てて民衆に伍するに至った念仏者は、抽象的に本願を説き念仏を勧めるにとどまるわけにはゆきません。

社会的生活を民衆とともにし、社会倫理を彼らの協力によって革新するという、倫理的ないし政治的実践と自らを媒介することによって、初めて宗教の還相的覚醒《げんそうてきかくせい》行為を具体化することができるのです。いわゆる悲嘆述懐というのも、この倫理的実践における自己の矛盾、行き詰まり、自悔自責《じかいじせき》の極における絶望を転機として醸成されるわけです。

それですから、悲嘆述懐の基底をなす懺悔は、自力の他力に転ぜられる関門に比せられます。これが絶対転換の通路になるわけです。その関門を開閉するところの扉に比すべきものは、社会倫理の伝統と展望とでしょう。それの保守と革新との間に立って、個人はついに行き詰まり、絶望に陥るものと思います。

このような倫理の媒介なしには懺悔もその由《よ》って来るところの地盤を失い、またそれを通じて危機突破の行われるゆえんが不可解になります。親鸞にとっては悲嘆述懐の理由は、自己が虚仮不実《こけふじつ》にして真実の思いなく清浄の心なき宗教的不信にあるのですが、このような不信は仏教によれば、つまるところ自己の無明《むみょう》〔無知〕に由来するのでなければなりません。如来は本来、自己の意志をもって現世を支配する創造主ではないのですから、これに違背する人間衆生の我意というものも考えられないわけです。

仏教では正当には、罪の由来は無知無明以外にはあり得ないのです。しかし全然自力当為という契機がないところで、いかに無知無明が気づかれたとしても、それが直ちにそのまま無媒介に止揚せられて平等に如来の大悲に摂取せられる以上は、衆生の態度が自力から他力に転ぜられる緊張転換の媒介としての懺悔というものは、なんら具体性をもち得ないのでしょう。いかに地獄必定と悲嘆するも、それは社会生活における迫害・責罰・死苦というリアルな苦難を意味することはできないはずです。

親鸞思想に懺悔の思弁なし

鈴木先生が、死は仏教者にとっての安息なので、キリスト者にとってのごとく犠牲ではないといわれておるのも、その通りだと思います。しかしもしそのような死が安息であり恐怖でないとしますならば、それこそ仏教的信仰の結果なのであって、それは生死の解脱《げだつ》を求め死の不安を超脱することを動機とする、仏教への入信に先立つところの、死の観念とは内容を異にします。

前者から見れば後者は、無知に因由する迷妄《めいもう》の結果にすぎないでしょうが、しかしその恐怖が、その不可避と不可測とに結びつく不安、すなわち時々刻々日々不断にわれわれをおびやかす脅威の源となることも事実なのです。その不安が極度に大なればこそ、その解放が達せられない限り、われわれは安心できないのです。

そこから宗教への要求とその問題解決の努力とが始まるわけです。これをあるいは死が安息であるという解釈や、あるいは死苦は迷妄にすぎないという観念によって、解決、否むしろ抹殺してしまうのは、決して真の解放安心ではありません。親鸞もそれだからこそ、悲嘆述懐をしたのでしょう。ここに真の解放安心には、観念的解釈の立場を突破して、実在的に死の脅威に直面し、当為的にあえてこれをおかす自己犠牲の覚悟が必要である理由があります。

その媒介として社会倫理の当為が、不断にわれわれを死に直面せしめ自己犠牲の覚悟に駆り立てるのです。この実在的媒介なくしては、懺悔も転換の契機たる意味を発揮することはできません。親鸞の感情において懺悔が根深き潜勢力を有するにも関わらず、教理の面において転換媒介の機能を認められることなく、しかも時にそれが『教行信証』の思想的展開を破って、悲痛の嘆声にほとばしり出るのはそのためだと思います。

現代の弁証法的神学者バルトが、その著『教会教義学』第一巻第二分冊において、真宗仏教の教理とキリスト教の教義とを比較し、共に信仰のみによって救われるとする大悲恩寵の宗教たる限り相通ずるところのあることは否定せられないけれども、倫理の当為、律法の権威を欠く前者には、後者のごとき現実性が乏しいことを指摘したのは、たしかに当たっておると言わなければなりません。

特に念仏以外の雑信雑業を駆逐し、これらのものをある程度副次的に認めた法然門下の浄土宗を洗い清めて、浄土真宗の純粋他力的立場を確立した親鸞が、その代償として、弥陀の本願のみを正信の根拠とし、ただその本願を称名念仏において聞取し信受する絶対受動性にのみ解放の唯一の力を認めるという、一方的無媒介の強制を導くに至ったことを指摘したのは、バルトの鋭い着眼であると申すべきでしょう。

実際、他力というものは、自力との対立関係においてのみ他力として認められるものですから、自力が全然迷妄として否定せられ、仮説としてさえ認められることがない場合においては、他力という真実なるものさえ消滅するほかありません。しかもいかなる宗教といえども、徹頭徹尾自力によって立つなどというものはないはずです。なぜなら相対者であるわれわれ人間が、絶対者たる神とか仏とかいうものの地位に立ち、あるいは支配するというようなことは、到底考えられぬことだからです。

自力はただ人間世界の倫理を支配するほかありません。しかも倫理が無制約的完遂を要求するために、やはり究極において絶対者に触れ、他力に媒介せられなければならぬ点があることはすでに見た通りです。これが倫理の、二律背反的危機における宗教への転入媒介です。しかし同時に宗教の方から言えば、また当然にその媒介として倫理を要求するというべきです。この交互媒介の関門が懺悔にほかなりません。

懺悔という概念は、ややもすれば自力倫理の悔恨と同一視せられ、さもなければ他力宗教の立場から、それが絶対により催起せられた受動性であるとして自力悔恨に対立せしめるのが普通です。しかしこのように自力か他力か何れか一方に偏局固定せられたものは、もはや私の考えるような転換の門であることはできません。

自力が絶望の極、他力に転ぜられるところが、私のいう懺悔なのですから、それは自力即他力、他力即自力というほかないものです。すなわち懺悔は、否定転換的な弁証法的概念であるというよりほかありません。右のごとき誤解を免れるためには、あるいは他の適当な概念にそれを変更した方がよいかと思わないでもありません。

しかしそういう概念も思いつきませぬし、またたとえ思い当たったとしても、弁証法を同一性論理に抽象化する危険は、決して絶対的に排除することができるものではありませぬから、このようにはっきりと、懺悔の弁証法的概念であることを宣言して依然これを用いるわけです。親鸞が感情以上に出《い》でず、概念として懺悔を思弁しなかったのは、弁証法を貫徹する用意が欠けたためではないでしょうか？

しかしてその由《よ》って来るところを尋ねると、相対人間と絶対者とを分かってつなぐ人間社会の媒介性というものを認めない欠点にあったのではないかと考えられます。弁証法の否定的契機となる質料性とか、神における自然とか言われるものも、先に申したように、この社会性に対応するものでしょう。

キリスト教はその発展の起源となったユダヤ教の伝統にしたがって、民族の律法における社会倫理の媒介性を重視し、またそれに結びつけられて悔い改めの契機を強調しました。これが今まで展開してきました真宗仏教を超出するところの、それの具体性にほかなりません。

第四章　社会に無関心、堕落坊主の見本

——渡辺照宏《しょうこう》『日本の仏教』要約——

渡辺照宏　一九〇七〜一九七七。昭和期の仏教学者。真言宗智山派の僧。東京生まれ。東京帝国大学卒。ドイツに留学。九州帝国大学赴任直前に病を得て退官。後東洋大学教授、成田山仏教文化研究所主任研究員。病床にあって多くの著作を残す。『日本の仏教』の趣旨は、わが国の伝統仏教をそつなくまとめ、特に浄土教を批判する。他の自力仏教の高僧たちは、民衆利益に必死に尽くしたが、浄土教は社会的に無気力であると主張する。

浄土経の簡単な内容と略史

法華信仰と並んで、東アジアで有力になったのはアミダ信仰である。シャーキャムニ（ブッダ）の教団では、在家信者に対しては、布施《ふせ》（慈善）と戒律（道徳）の実行が勧められ、その報償として、神々の世界（天）に生まれること（往生）が約束された。これは仏教の趣意から見れば最高の理想とはいえないが、出家して本格的な修行をすることが

できない在家信者のための便法であった。

マハーヤーナ（大乗）仏教では多くのブッダが同時に存在するものと考え、それぞれのブッダにはそれぞれの仏国土が所属した。われわれの住んでいるサハーローカ（娑婆世界）はシャーキャムニの仏国土であり、東西南北上下いたるところにブッダがいて、その仏国土があるとされた。それぞれの仏国土には特色があるが、理想国のようなものと考えられる場合が多い。そういう仏国土を浄土《じょうど》という。それに対して、われわれの世界を穢土《えど》と呼ぶような考え方も出てきた。穢土とは文字どおり汚れた土地である。

浄土はブッダの数と同じく無数にあるが、中国や日本では、アミダの浄土、極楽世界（スカーヴァティー）が特に有名になった。アミダはサンスクリットでアミターバといい、無量光仏（限りない光明を持つもの）と訳される。アミターユス（無量寿仏）という名もしばしば用いられる。他の多くのブッダの場合と同じく、発生史的に見れば、仏教的理念と民間信仰の対象とが混合したものであろう。イラン起源説も有力である。

アミダ仏関係の教典が成立し、ブッダと浄土とが明確にされるようになったのは、紀元二世紀頃、西北インドで始まったことと思われる。

東アジアで『浄土三部教』と言われるのは『無量寿教』『阿弥陀教』『観無量寿教』である。この内で『阿弥陀教』は簡潔にアミダ仏と極楽とを述べたものであるが、その最も重要な点は次の一節であろう。「（もし善男子《ぜんなんし》、善女人ありて一日でも、一心乱れざれば、その人、命終の時に、阿弥陀仏、諸の聖衆とともに現じてその前に在さん）この人終わらん時、心、転倒せずして、すなわち阿弥陀仏の極楽国土に往生することを得ん。（舎利弗《しゃりほつ》よ、もし衆生ありてこの説を聞かん者は、まさに発願《ほつがん》してかの国土に生ずべし）」

次に『無量寿教』の中心課題は、法蔵という者が四十八《しじゅうはち》の大願を立て、この大願が果たされない以上はブッダにならないと誓った。この法蔵ボサツは現にアミダ仏となって西方の安楽世界にましります。発生史的に言えば、アミダ仏信仰に初めから法蔵ボサツ伝説が結びついていたのではないが、後にはこの結びつきは一般的なものになった。

法蔵ボサツがアミダ仏になったという以上は、その誓願は真実であるに違いないというので、四十八願がその信仰の支えになる。中でも第十八願が後世大いに影響した。

それは「たとえわれ仏を得たらんに、十方の衆生、至心に信楽《しんぎょう》して、わが国に生まれんと欲して、乃至《ないし》十念せんに、もし生まれずんば、正覚を取らじ」であり、その結果「あらゆる衆生、その名号を聞きて、信心歓喜し、乃至一念し、至心に廻してかの国に生まれんと願ずれば、即ち往生を得て、不退転（必ず悟りを得る資格）に従す」（ただし二度とも「ただ五逆と誹謗正法とを除く」という但し書きがついている）とある。

第三の『観無量寿経』は中国で編集されたものらしい。その筋書きは、夫が、阿闍世王《あじゃせおう》に幽閉されて悩んでいる母の韋提希夫人《いだいけぶにん》を訪れたブッダが、アミダ仏の極楽世界のありさまを観想せよとさとし、詳細に説明した後で、その国に生まれようとするにはどうしたらよいかを教える。上品上世・上品中生から下品下生まで九段階の衆生がある。もし生涯の間悪いことをしていた愚人が、臨終の時に、仏を念ずることさえできないとすれば、声を出してただ「南無阿弥陀仏」と唱《とな》えさえすれば、極楽世界に往生することができるとする。

以上の浄土三部経のほか、中国に仏教が入ると間もなくアミダ信仰が紹介され、四〇二年、慧遠《けいえん》は江南の盧山《ろざん》に白蓮社を設け、誓いを立てて西方極楽往生を期した。白蓮社の伝統は後世にも重要な役割を果たした。これは主として浄土を観想する修行であった。

後世の宗派としての浄土経の起源は、中国・南北朝末の曇鸞《どんらん》から始まる。彼は初め道教の不老不死の法を求めていたが、洛陽で『観無量寿経』を授《さず》けられて、それ以来浄土の信仰に専念し、人々にも勧めた。不老不死の仙術の追及からアミダの極楽往生への切り替えには、やはり感覚的な要素が強かったことと思われる。

曇鸞の死後二十年たって生まれた道綽《どうしゃく》が曇鸞の碑《ひ》を読んで感激し、学問的研究を捨てて浄土の信仰に転向したのは隋の時であった。彼は入滅するまでの間、念仏を唱えること日々七万遍、この頃から念仏を唱えて回数を数えることが広く流行するようになった。この教えは誰の耳にも入りやすかったので、出家在家の区別なく広まった。

道綽の多くの弟子のうちで善導が中国浄土教を大成した。彼は観想を重んじ、彼の『観無量寿経疏』四巻は日本の浄土経の基盤となった。善導は信仰に熱心のあまり自殺を遂げたとも記されているが、その信徒のうちに自殺往生するものがあったことは事実である。このように念仏信仰が、現実逃避の傾向に陥りやすいことは否定できない。

法然初めて浄土経を開く

わが国に最初の頃に知られた仏像は釈迦・弥勒《みろく》で、続いて薬師・観音・阿弥陀等が盛んになるが、これは大陸の流行を反映したものである。その中でもアミダ仏の礼拝が圧倒的になったのは、奈良中期以降のことである。

わが国のアミダ信仰も最初は死者儀礼、すなわち追善供養《ついぜんくよう》の目的で発達した。この原始的な信仰形態は、奈良朝から平安朝まで続き、鎌倉時代に敬虔《けいけん》主義としての浄土経が確立された後にさえ、浄土教系各宗派の実際的機能として今まで生き続けているのである。

最澄の天台宗には初めから念仏の要素が含まれていたが、これは彼の後継者たちによって強化され、藤原道長によって代表される、有閑貴族の精神的享楽によってなお助長されたのである。一方、民衆のためにアミダ信仰を広めたのは、道長よりも一時代前の空也であった。空也の生涯の努力によって、民衆は精神的な慰安と実質的な救援を与えられ、仏教なるものの実物教育を受けたのであった。

比叡山の学僧の中では、慧心僧都源信《えしんそうずげんしん》が『往生要集《おうじょうようしゅう》』三巻を著した。これは漢訳聖典の内から、地獄・浄土・念仏・往生等に関する要文を項目別に編集したもので、独創的な著述ではないが、アミダ信仰の典拠として広く利用されることになり、後の浄土教の成立に貢献したほか、文学や美術にも大変影響を与えた。

ほかには比叡山の雑役の僧侶であった良忍《りょうにん》はアミダ仏の霊顕《れいげん》を受けて大衆のために念仏を説き、民衆の間に信者が広がった。一人が往生すれば多数衆人が往生するというところから融《ゆう》通《ずう》念仏として知られ、現在も独立した一宗派として残存している。

浄土経がにわかに発展したのは、鎌倉期においてである。鎌倉時代に入り、浄土教は法然によって初めて有力な宗派として成立した。法然の教えた専修念仏《せんじゅねんぶつ》は称名念仏で、「南無阿弥陀仏」を唱えさえすれば誰でもアミダの極楽浄土に往生できるというのである。その説は『観無量寿経』を下品下生の往生を典拠としている。当時は源平の戦乱の世で、生命財産の危険が多かったので、貴族や武士たちはこの教えに喜んで耳を傾けた。

このように法然が仏教を受け入れた態度は、仏教の本格的な、真正な形態を把握しようという動機から出現したものではない。むしろ彼自身の時代にとって、最も適切な形態を把握し意図したものである。これは彼が接したすべての人々をやさしく導いた彼の人柄にふさわしく、その意味では、確かに優れた宗教家というべきであろう。したがってまた、その選択の標準は真実性よりも、むしろ実利性にあったと言わなければならない。

いい換えれば、絶対的真理の追求を放棄して、時代相応の救済を目指したことになる。こうした新しい行き方をとることによって、新しい救済の道が広く開かれてきたことは否定できないが、同時に仏教における本質的なもの、すなわち菩提心の理念はまったく放棄されてしまった。こうした法然の専修念仏に対する非難は、果して正統派の代表者ともいうべき明恵上人《みょうえしょうにん》高弁《こうべん》から提出された。『摧邪輪《ざいじゃりん》』がその反撃の書である。

この書物のうちで、専修念仏が仏教の立場から見て邪道であることを論じている。特に菩提心を否定すること、聖道門《しょうどうもん》（浄土教以外の仏教）は正しい浄土信仰をはばむ群賊であるという説、この二点に対しては許しがたい書であると述べている。

法然の死後、浄土教はすばらしい勢いで全国に広まったが、高弁とはまったく別の視野から、これを攻撃したのが日蓮であった。彼は「後鳥羽院の御宇に、法然という者ありて、選択集を作る。即ち一代の聖教を禍《わざわい》し、遍《ひろ》く十方の衆生を迷はす」（『立正安国論』）と大いに非難した。日蓮の生涯の最大の敵は念仏行者であった。

法然は一切経〔仏教の経律論《きょうりつ》の聖典全部〕を五遍読んだとされているが、この話はそのままには受け取れない話である。謙遜で温厚な人柄の法然の言葉としてふさわしくはないし、また彼が一切経の頁をくったことが事実であるとしても、そのすべてを理解したということは今日の学問の常識から見て不可能である。なぜかというと、原点やチベット語訳などあらゆる資料を動員しても、漢訳一切経の中にはどうしても意味のとれないものが沢山あるからである。現在の学問水準（外国の学者の成果まで入れて）で解読しきれないものを、法然が独力で読みこなすほどの大天才であるなど、あり得ないことである。

私の見るところでは、法然が一切経を五遍まで読んだといわれるのは、普通に考えられる読書というものではなくて、彼が自分で必要とする箇所だけを通読し、自分に用事のない箇所は字面《じづら》に目をすべらせたにすぎないのであろう。つまり一切経そのものを偏見なく研究したのではなくて、すでに彼の固定観念となっていた念仏信仰の根拠なり、反駁なりだけに注意しながら通覧したものであろう。したがって彼の専修念仏は仏教体系全体に対する批判的研究の所産ではなくして、すでに予定されていた結論なのであろう。

法然の入滅の後、その集団は幾つかの派に別れた。その正系と見なされる鎮西派《ちんぜい》は、十三世紀には京都で天皇や貴族の信仰を受けたが、十四世紀には江戸に伝通院《でんずういん》・増上寺《ぞうじょうじ》を開き、徳川家の支持によって栄えた。中でも了誉聖冏《りょうよしょうげい》は密教などの規格にならって、五重相伝という儀式を作り、宗派としての体裁を整え、今日の浄土宗の基を築いた。

浄土真宗を開いた親鸞

法然の弟子のうちで、最も特色ある者は親鸞である。彼はどこまでも法然の教えを受け継いだ弟子と言われるが、実は法然とはまったく違う、新しい境地を開拓した人である。親鸞の立脚点は『無量寿経』の第十八願であり、これを「至心信楽《ししんしんぎょう》の願」と呼んだ。ここにおいて絶対他力の信心に立脚する浄土真宗が生まれたわけである。親鸞は自分のあらゆる計らいや営みをまったく捨てて、すべての功徳をただアミダ仏の誓願のみに帰せしめようとした。

「親鸞にをきては、ただ念仏して弥陀にたすけられまひらすべしと、よきひと〔法然〕のおほせをかぶりて〔こうむって〕、信ずるほかに別の子細なきなり。念仏は、まことに浄土にむまる〔生まれる〕たねにてやはんべるらん、また地獄におつべき業にてやはんべるらん、総じてもて存知せざるなり」

という『嘆異抄』の言葉にも、親鸞の法然に対する絶対帰依の信念が現れている。歴史的に見ると、初めは特殊の社会の信仰対象であったアミターバ（阿弥陀仏）から出発し、幾多の変遷を経た浄土信仰は、ここにおいて極楽往生という本来の目的そのものさえも克服して、純粋な敬虔《けいけん》主義に徹底したわけである。

しかしながら、多年の不遇生活は親鸞を哲学者にもした。往生してどうなるか？　念仏行者としての親鸞にとってはおそらく無意味なこの問いに答えるのが、哲学者親鸞の『教行信証、証巻』である。「この巻、前半に往生人は弥陀と一味なる大涅槃を証することを顕《あらわ》す」（金子大栄）のである。『証巻』にいう。

「……行に優劣ありといへども、みな無上菩提の心を発せざるはなけん。この無上菩提心はすなはちこれ願作仏心（ブッダになろうと願う心）なり。願作仏心はすなはちこれ度衆生心《どしゅうじょうしん》（衆生を救済しようという心）なり。このゆへにかの安楽浄土に生ぜんと願するものは、かならず無上菩提心を発するなり」

法然が専修念仏を唱えた時、明恵上人高弁は、それでは菩提心を失することになる、と手痛く非難した。親鸞が『証巻』を書いた時、高弁のその非難を意識していたかどうかは分からない。あるいは親鸞自身の内面的反省の必然的な結果かもしれない。とにかく他力信仰の極致の至りついた先が、無上菩提心であったことは注目すべきことである。

社会的には、親鸞の正式な結婚の結果として、従来見られなかった型の仏教教団が発生した。それは開祖の子孫を中心とし、本願寺を本山とする門徒である。しかしそれは親鸞が巷《ちまた》の古い祈祷や呪術と絶縁しなかったならば、恐らく公然の妻帯は、教団の成立にとって不可能であったろう。祈祷、呪術を捨てることによって、世俗的な教団が成立し、信者たちと同じレベルに立って布教活動することができるようになった。

また世襲の故に、封建勢力または貴族としての地位を確保することもできたのである。このようにして日本仏教のうちで最大の浄土真宗教団が成立したのである。しかし浄土教団は、その後一本にはまとまらず十七派に分流している。

法然の孫弟子の一人に師事した一遍《いっぺん》はまた、まったく別の行き方をした。一遍はむしろ昔の空也上人にならって、民衆の間に念仏を広めた。その足跡は広く全国に及び、十六年の間に二十五万余人の入信者を記録している。そのほとんどすべては一般の民衆であった。難しい理屈をはなれ、空也にならって「踊り念仏」を広めたのである。

全国に念仏が普及した功績の大半は、一遍を開祖とする歴代の遊行《ゆぎょう》上人に帰せられるともいわれる。現在も、神奈川県藤沢の清浄光寺（遊行寺）を総本山とする時宗《じしゅう》がそれであるが、寺院五百たらず、教師四百、信徒四万で、さほど大きな勢力ではない。

ほかに同じ程度の少数派ではあるが、注目すべきものに天台真盛《しんぜい》宗がある。これは十五世紀に比叡山で真盛が称名念仏と円頓戒《えんとんかい》（天台宗で行う大乗戒）との一致を説き、実行したことから始まった。これは法然や親鸞たちの生きかたの逆を行ったものである。真盛の真剣な努力によって、その後、後世にまで民衆に影響を及ぼした。

念仏が民衆のものになるにつれて、無学な人たちの間にも、徹底した信仰の境地を開拓するものが出てきた。彼らを妙好人《みょうこうにん》と呼ぶが、その言行には驚くべきものがある。例えばこういう詩がある。

ほーぞー（法蔵）とは
どこにしぎやう（修行）の
ばしよあるか
みんな私の
むねのうち
なむあみだぶつ
あみだぶつ

浄土教の専門学者たちが、なぜアミダ仏の浄土は西方でなければならないか（指方立相《しほうりっそう》）などという抽象的な議論をしてる間に、無学の信者はさっさと己心弥陀《こしんみだ》（自分の心を離れてアミダ仏は存在しない）の真理を体得していたわけである。ことに宗派としての実績は、現世利益《げんぜりやく》を否定し（これの評価については二理あるが）、愚かな祈祷、呪術を排斥したのは浄土系の諸派、中でも親鸞の後を受け継いだ浄土真宗であった。

高僧は同時に社会事業家

ここでひとまず浄土教の僧侶との対比の意味で、日本仏教史の中の本格的な仏教を確立した人々の一般民衆に対する態度を見ておこう。彼らはどのように民衆に接したのであろうか？実際を知らない者は、あるいはそういう自力の高僧たちは独善的で超世俗的で冷淡な態度に終始したのではあるまいか、などと想像するかもしれない。

ところが事実はそのまったく正反対なのである。実際は厳密で本格的な仏教を主張した人たちこそほとんど例外なしに、民衆に近づき、民衆の利益を増進した人たちだったのである。ここではその若干の例証を挙げてみることにしよう。

唐に留学して最初に本格的な仏教を伝えた一人に道昭《どうしょう》がある。帰国しては唯識《ゆいしき》学説を講義し、座禅に努めた。遺言によって火葬させたのが、わが国における火葬の初めての例であると言われている。生前、元興寺内の別地に禅院を建てて座禅に勤《つつ》しんでいたが、その道昭が十数年にわたり諸方を旅して、路傍に井戸を掘り、渡し場に渡し船を設け、橋をつくった。宇治川に初めて橋をかけたのも道昭であると言われている。

座禅に深く沈潜して深い内面的理想を追求する者こそ、社会事業にも有能である証拠であろう。道昭に続いて行基《ぎょうき》が注目される。彼はやはり唯識を学び、山林で座禅を修めたが、諸方に旅行すると行く先々で交通の要所には橋を作り、堤を築いた。老少みな手伝いに出たので工事はどんどんはかどった。滞在すれば果樹を植え、全国四十九カ所に道場を建てた。民衆の人気を恐れて、政府はその弟子の宗教活動を禁止したほどであった。

平安朝時代にも、橋をかけ、渡し船を設け、井戸を掘り、樹を植える等の事業に僧侶が努力した例は多い。最澄もこれに心を用いたが、真言宗の空海は讃岐万農池《ばんのういけ》（満濃地）の築造、貧困青年の教育機関（綜芸種智院《そうげいしゅちいん》）の創設経営をはじめ、多くの社会事業にもその才能を示した。鎌倉時代においても、民衆の幸福の増進のために積極的に手をさしのべたのは、大体において戒律を重んじ、禅定にいそしんだ僧侶たちである。後世に禅宗と称せられる臨済宗も曹洞宗も鎌倉時代の開宗とされるが、実質的にいえば仏教のあるところに必ず禅があるといってよい。そして禅の実修は常に慈悲慈愛の実践と結びついていた。

鎌倉時代において戒律の実践と普及とに大きな貢献をした叡尊《えいそん》は、また同時に偉大な社会事業家でもあった。叡尊の事業で著しいものは非人救済である。非人というのは賤民のことで、一般社会とは区別され、物乞いや特殊の職業に従事するものである。癩《らい》病人なども含み、社会の落伍者と見られていたが、叡尊はしばしば金銭や米を施し、非人の宿や癩病人の小屋を整備したほか、多数の非人に戒《かい》を授け、一般の人に迷惑をかけないように指導した。また一二六八年には数万人の飢える民のために食事を供したと言われる。

叡尊が実行力を発揮したのは、一二八六年に宇治橋を復興したことである。これは久しく破損したままになっていたのを彼の手で竣工し、二百人の僧侶をひきいて供養の式を行ったのである。彼は宇治橋の工事の機会に従来の網代《あじろ》（魚取りの仕掛け）を停止させ、そこを禁漁地区に指定したが、それと同時に従来漁業によって生活していた人々の転業にまで配慮し、瀑布《ばくふ》（滝）の仕事を与えてやった。そのほか多くの機会に民衆につくした。

叡尊の弟子、良観房忍性《りょうかんぼうにんしょう》は十三歳の時肉食《にくじき》を断つことを誓ったほどで、戒律の研究実践に熱心であったが、社会事業においては師にまさる成績をあげた。一二七四年の飢饉《ききん》、一二八三年の疫病《えきびょう》流行の時は弟子たちを動員して大活躍をした。非人の救済、病院の経営、捨て子の養育など活動範囲はきわめて広いが、その生涯の総決算として、寺院の造営八十三、橋をかけること百八十九、道を作ること七十一、井戸掘りは三十三に及んだ。

そのほか良観房忍性の仕事には浴室（公衆浴場）・病室・非人宿などが数えられ、聖徳太子の業績をしのんで四天王寺に悲田院・敬田院が設けられた。

奈良の西大寺にいた頃は、かつて光明《こうみょう》皇后が癩《らい》患者を洗ったと伝えられる般若坂北山の癩病舎を復興して救済したが、手足が不自由で乞食に出られない一人の病人を一日おきに背負って朝、町に連れて行き、夕方には病舎に運び、乞食で生活が成り立つようにしてやった。しかもこの難作業はその後数年間にわたってずっと続けられたというから、彼は真実大変な聖者だったというべきである。さらに特筆すべきことには、忍性は一二九八年に馬病舎を建てている。これも生類《しょうるい》に対する限りない慈愛に基づくものである。

江戸時代に入っての比較的著しい例としては、道光鉄眼《どうこうてつげん》の場合がある。鉄眼は『大蔵経《だいぞうきょう》』の出版という大事業を完成した人とした著名であるが、貧しい者を見ては衣食を与え、病人には薬を施し、捨て子を見れば世話をし、途中で囚人に会えば減刑を請願するなど慈悲の行為は数限りなかった。一六八二年の関西大飢饉に際しても多数の難民を救った。

越後の名主の子として生まれた良寛《りょうかん》は、ただ子供の相手をする者として親しまれ、その修行時代や遍歴時代についてはほとんど何も知られてないが、勤労と修行とには全力をつくし、衣食などを省みる暇はなかったらしい。多年の実践によって磨き上げられた彼の生涯はまさに珠玉にも例えられるものであった。無欲で物事にこだわらず、まったく自然の中に溶け込んでいた。世人は奇行というが、これこそ高潔な人格の現れにほかならなかった。

浄土教が葬式のはじまり

仏教は日本人に何を教えたのか？　積極的な面では、人々を愛し、助け合い、すべての生命を尊重すべきことを教え、人間が自己を完成すると同時に、他の人々を幸福にすべきであるという理想を示し教化したのである。

それがために道澄が初めて宇治橋を架けて以来、多くの仏教者は黙々として道を作り、橋をかけ、池を作り、河を修め、樹を植えた。空海は庶民のために学校を作り、教授と生徒との完全給食を実施した。忍性は病院を建て、癩患者を助け、馬の病舎を作った。鉄眼《てつげん》は毎日一万人の災民に食事を与えた。こうした例はまだまだ他にたくさんある。

生命の尊重を教えて、肉食の習慣をやめさせたのも仏教であった。早い時代に、死刑制度を廃止させたのも仏教である。人と人との結びつきを教え（袖触れあうも他生の縁）、人生と自然との和合を示してくれたのも仏教であった。要するに今日ヒューマニズム（人道主義）と呼ばれるところのもの、それをわれわれは学びとったのである。

しかし宗派としての仏教、形式的な宗教儀礼、器械的な僧侶の思考動作は、日本人の生命ある宗教活動を枯渇《こかつ》させてしまった。子供と手まりをつき、念仏の家にも法華《ほっけ》の家にも行ってお経を読んだ良寛さんが何宗の坊さんだか人は知らない。それが仏教なのだ。良寛は人間の最高値の世界を衆生に披露し、周囲にいる人々の心に温かいものを感じさせ、お互いが幸福になるような世の中を築いていけば、それで充分だったのである。

寺の鐘には、サイレンやベルと違った響きがある。それは日本人の心の中に眠っている懐《なつ》かしい意識を呼び起こす響きである。仏教は理屈ではなくて生活である。誤った理屈を矯正するためには、理屈も必要であった。道理に迷っているものには、道理を説いて聞かせることも必要であった。そこで仏教は教理を用いた。しかし教理のための教理は戯論《けろん》〔ムダな論議〕であり、仏教では採《と》らないところである。目指すは真の真理探究のみであった。

それに対して浄土教と呼ばれる存在はどうであったろうか？　なるほど浄土教の流行がわが国に及ぼした悪影響は大きい。中でも浄土真宗は、親鸞自身の意図とは別に、思いがけない方面に影響を及ぼした。自力の拒否、戒律の放棄は、独善的で、閉ざされた教団を成長させた。前にも指摘したように、いわゆる自力の立場に立つ聖道門の人たちが社会事業に貢献しているのに、真宗の僧侶たちは、最近までその方面にはまったくといっていいほど無関心であった。親鸞の深い意味の「非僧非俗」の立場は、出家教団の秩序を破壊したのみではなくて、専門僧侶にあらざる在家信者の基本義務さえも踏みにじってしまった。

仏教の在家信者の第一の義務は布施《ふせ》〔寄進〕である。次には在家としての戒律《かいりつ》〔倫理〕を守ることである。布施と戒律とを放棄すれば、在家信者の資格がないことはインド以来の教団の歴史に明らかである。このようにして在家信者の資格さえも放棄した親鸞の教えをもって、「在《ざい》家《け》仏教」と呼ぶのはまったくの見当違いである。

そもそも一般に浄土教は現実逃避の傾向が強い。日本人が正面から現実の問題と取り組むことを回避する態度を助長したのも、浄土教であった。したがって封建勢力に協力し、社会の近代化を妨げた責任の一端もここにある。こういう点から考えても、浄土教は西欧における宗教改革とは正反対の役割を果たしたと言わなければならない。

日本で開祖の名を用いた宗派は日蓮宗のほかにあまりないが、それだけに個性が強く、排他的である。日本の各宗派のうちで、閉ざされた教団はこれと浄土真宗との二つだけである。したがって他派との抗争も、宗内の分派活動もともに激しい。分派は多く急進主義者によって行われた。しかし日蓮宗と浄土真宗と比較してみて、より活動的で、より反戦的な態度を示してあまりあるのは、日蓮宗の人々の集団である。

こうした現在の状況に基づいて、浄土真宗を眺めるならば、その中身は濃縮《のうしゅく》されたニヒリズムというべき立場であるとも言える集団で、日本の各種集団の中で最も退嬰的《たいえいてき》で堕落した坊主の集団と化している、といっても過言ではない。とすると、現代の浄土教末端の各寺は何で経営が成り立っているのかというと、その住職は大半が教師、官吏等の副業で生計を補い、後は文字通り檀家《だんか》の葬式料に依存して生計を建てている。

葬式は古くから天皇や貴族のために、仏教の僧侶が、祈祷も死者儀礼も営んでいた。しかし旧仏教の諸派は土地があり、葬式法要の料金に頼る必要はなかった。ところが鎌倉時代以後には新しい事態が発生し、貴族の保護もなく、不動産収入も入らない新興宗派、ことに浄土系の僧侶たちのあいだでは変化した。彼らは現世利益《げんぜりやく》を否定する立場上、祈祷による収入は期待できなかった。そこで最後に残された道は、葬式法要の料金となったのである。

それも初めは安易な道ではなかったが、聖《ひじり》、上人《しょうにん》たちの地方遍歴によって地盤が用意されていった上に、浄土往生の思想は、死者儀礼の説明として利用するのにも好都合の手段であった。こうしてまず浄土教の組織において、檀家関係が成立し、葬式法要を主要な財源とする寺院が発達していった。一旦この方式が成り立つと他の諸派もこれにならって、今日、仏教とは葬式仏教と言われるような形態に変わってきたのである。

かくして近世の封建社会が樹立するまでの間に、宗旨の如何を問わず、死者儀礼を本職とし、もしくは祈祷を事とし、またはその両方を兼ねるのが普通となってしまった。

利他実行しない浄土僧侶

仏教には末法《まっぽう》思想という考え方がある。それはブッダが、「私の入滅の後五百年間は正論は持とうが、それ以降は真の仏教を省みない末法の世となろう」と言ったことに基づいているが、親鸞の生存中の中世の源平騒乱時期は確かにその通りであった。世は挙げて戦乱と飢餓の間を放浪し、市中の通りや加茂川のへりには遺体がごろごろ、それを野犬が食いちぎっている時代であった。そんな時期には衆生は仏教の正論を聞く耳は持たない。

当時のこの世が、末法思想・選択思想という点では、法然にも日蓮にも共通の思いであった。しかし前者がひたすら社会を拒否し、個人の救済を求めて内省的になっていったのに対して、後者は国家主義的であり、政治と宗教との一致を主張し、かつ天災地変などを神々のたたりとして、シャーマニズムに終始した点が対照的である。

しかし仏教の受け入れ方という点から見れば、いずれも本源的なものを求めようとはせず、自己の当面の要求に応ずるものだけを取り上げて、仏教の発展の歴史を全体に対する見通しに役立てようとはしなかった。しかもこの念仏（アミダ信仰）と題目《だいもく》（法華信仰）の二つは、その後の日本仏教の中で極めて大きな比重を持つことになった。

これを通史的に整理してみると、歴史的、記録的真実性を探究して、どこまでも仏教の本格的な姿を追求し実践しようとした人々を日本仏教者の第一類及び第二類と名付けるとすれば、法然や日蓮のように、当面の現実問題だけ考慮し、今、現在の人々が必要とするものを提供しようと企てた仏教者を第三類と名付けることができよう。

しかし一つ注意しておいてよいことがある。それは前述したように第一類の人々は、戒律や禅定を重んじ、高い理想を求め、身を挺して社会事業にあたり、実質的にも民衆の利益を増進するのに貢献した。第二の類型に属する純粋な世捨て人にしても、原始仏教教団の伝統を受け、清らかな生活態度によって民衆の心を豊かにし、生活を助けもした。

ところが、第三類の人々例えば法然、親鸞、日蓮たちのような新興宗派の僧侶たちは大体主観的、観念的遊戯にふけっていただけで、実質的には何ら民衆の生活を助けることがなかった。むしろ信者の仕送りによって生活を支えられていたと言える。彼らを教祖に仰ぐ教団が日本で優勢になったのは、後継者たちの政治的手腕によるものが多い。

以上によって、私は日本で仏教を入れた僧侶の態度を、四つの類型で区別してみた。

第一類――どこまでも仏教の本格的な形態を追求しようという意図をもって、真実を求めた人々。語学的にも、修行の上でも、多くの困難を克服して、理論と実践の両面において立派な成績をあげた。それは今日の比較研究の知識に照らしても見事なものである。

第二類型――同じくブッダの伝統を生かし、無我を極端なまでに実践した。この人たちは一見消極的に見えるが、実は理論的、実践的に確実な根拠の上に立ち、高潔な生活態度によって民衆の心を明るくし、また生活を助けたりもした。

第三類――危機意識の立場で自己の観念的安心感を第一義とし、数ある仏教の傾向のうちから、その時機に最も適当と思われる特殊なものを選びとった。この立場は歴史的客観的根拠が乏しいとともに、唱導者の多くは民衆に寄食し、実生活にも寄与しなかった。

第四類――歴史的、教理的の知識は二の次にして、ひたすらに民衆の幸福のために努めた。したがって理論より実際の面で民衆を助けることが多かった。この人たちの生活態度は教理の面はともかく、仏教本来のものに最も通ずる人々の集団であったといえる。

このような四つの類型に入る僧侶は、第三類の念仏、法華《ほっけ》を入れたにしても、とにかくも自分の確信に基づいて、生涯真剣な努力を続けてきた独創的な人たちばかりである。私が以上に挙げた名はごく少数の例で、どの類型にも貴重な僧侶が数多く属していた。

しかしなおそのほかに、これらの類型のどれにも属しない無数の僧侶がいる。それは他の人が予《あらかじ》めこしらえてくれた宗派という枠の中に住んで、いわば惰性で生活している人々である。その人々の多くは自分の天職について何らの感激もなく、新たな境地を開拓することもなく、ただ業績の上にあぐらをかいて座食していたわけである。

仏教に限らず、よその宗教教団にも同じような現象はいつも見られるのではあるが、独創的、創造的、活動的で常に積極的に行動する人々の数にくらべて、そうでない人々の数があまりにも多すぎる時には、教団は全体として沈滞するのである。仏教が近世になって振るわないと言われる一つの原因もここにあると思われる。繰り返していうが、仏教の根本は教理ではなくて、自己と他者との完成のための実践なのである。

十世紀に出た市聖《いちのひじり》の空也を見よ。彼は年少で出家し、広く国中を歩き回り、道を作り、橋を架け、古寺を修理し、井戸を掘り、荒野に横たわる死体を葬るなど民衆のために働らき、かつ念仏を教えながら七十年の生涯を送った。空也と同じ頃には宗派に関わりなく、民衆のために生涯を捧げた人が少なくなかったのである。法相宗《ほっそう》の玄賓僧都《げんぴんそうず》や、法華経行者の理満《りまん》が、いずれも渡し船の渡し守として奉仕したという話も伝わっている。

鎌倉時代にも、念仏の全国的普及に功績のあった聖《ひじり》や上人《しょうにん》と呼ばれる宗教家が数多くいたが、後に世間的な大集団に浸食された、というのが真相であるらしい。こうして日本仏教は近世になってますます類型化し、いわば独占企業的な組織に統一されていった。

親鸞年譜

元号	西暦	年齢	親鸞関係事項
承安三	一一七三	一	誕生
四	一一七四	二	
安元元	一一七五	三	この春、法然（源空・四三歳）専修念仏を唱える。九月、京都大風
二	一一七六	四	四月、大地震
治承元	一一七七	五	四月、京都大火。六月、鹿ケ谷の陰謀発覚。
二	一一七八	六	
三	一一七九	七	一一月、清盛、後白河法王を鳥羽殿に幽閉。
四	一一八〇	八	八月、源頼朝挙兵。九月、木曽義仲挙兵。
養和元	一一八一	九	親鸞、この春、慈円のもとで得度し、範宴と号す。閏二月、平清盛没。
寿永元	一一八二	一〇	恵信尼誕生。この春、京都飢饉、死者多し。
二	一一八三	一一	七月、平氏、天皇を奉じて西国に逃れ、義仲入京する。
三	一一八四	一二	
文治元	一一八五	一三	一一月、諸国に守護、公領・荘園に地頭を置く。
二	一一八六	一四	
三	一一八七	一五	
四	一一八八	一六	八月、後白河法王、法然（五六歳）を先達として、如法経を書写。
五	一一八九	一七	八月、法然、九条兼実に受戒。同月、頼朝・泰衡を攻め、奥州を平定。

建久元	一一九〇	一八	二月、重源の乞いにより法然東大寺に浄土三部経を講ず。
二	一一九一	一九	九月、法然、宜秋門院（中宮任子）に受戒。
三	一一九二	二〇	二月、法然、後白河法皇に受戒。七月、頼朝、征夷大将軍に任じられる。八月、法然、九条兼実に受戒。
四	一一九三	二一	
五	一一九四	二二	七月、延暦寺衆徒の訴えにより、栄西・能忍等の禅の布教を禁止。
六	一一九五	二三	この年、栄西、延暦寺衆徒の訴えにより、徴問される。
七	一一九六	二四	
八	一一九七	二五	
九	一一九八	二六	三月、法然、選択本願念仏集を著す。
正治元	一一九九	二七	一月、頼朝没。
二	一二〇〇	二八	一月、道元誕生。五月、幕府、念仏を禁じる。
建仁元	一二〇一	二九	六角堂に百日参籠。聖徳太子の示現を得て、法然（六九歳）の門に入り、他力の念仏者となる。八月、鎌倉及び諸国、大風雨。
二	一二〇二	三〇	親鸞、念仏の布教盛んに行うと推測される。
三	一二〇三	三一	この頃、親鸞結婚。
元久元	一二〇四	三二	一〇月、延暦寺の衆徒、専修念仏停止を座主真性に訴える。一一月、親鸞、法然の七箇状起請文に僧綽空と署名。この頃、息男慈信坊善鸞うまる。
二	一二〇五	三三	四月、親鸞、選択本願念仏集を受ける。また法然の真影を描くことを許される。

			閏七月、法然の真影に法然真筆の銘を受ける。親鸞この日綽空の名を善信と改める。
			一〇月、興福寺貞慶、九ケ状の失を挙げて、念仏禁断の奏上を呈す。(興福寺奏上)
建永元	一二〇六	三四	二月、興福寺衆徒、法然とその門弟が念仏を唱え、他宗を謗ることを訴える。九月、興福寺の三綱、念仏停止の宣下を促す。
承元元	一二〇七	三五	一月、専修念仏の停止を重ねて宣下。二月、一向専修の輩を捕らえる。法然を土佐に流し、住連らを処刑する。親鸞越後国国府に流される。
二	一二〇八	三六	閏四月、京都大火。
三	一二〇九	三七	この頃親鸞、恵信尼と結婚。
四	一二一〇	三八	源信、往生要集刊行。
建暦元	一二一一	三九	三月、信蓮坊誕生。後鳥羽上皇、四天王寺の念仏を停止。一一月、法然勅免により入洛。親鸞の流罪赦免。
二	一二一二	四〇	念仏布教を行うと推定される。二月、高弁(明恵)、摧邪輪を著す。
建保元	一二一三	四一	
二	一二一四	四二	越後を去り、親鸞一家関東に赴く。この年、上野国佐貫庄において浄土三部経千部読誦を始め、やがて中止して常陸国に入る。
三	一二一五	四三	
四	一二一六	四四	教行信証述作進む。
五	一二一七	四五	三月、法然の門弟空阿弥陀仏、専修念仏を唱える。延暦寺衆徒の蜂起を恐れ、念仏衆逃散。

六	一二一八	四六	
承久元	一二一九	四七	閏二月、専修念仏を禁止。
二	一二二〇	四八	
三	一二二一	四九	七月、聖覚、唯信鈔を著す。幕府、後鳥羽法皇を隠岐に、順徳上皇を佐渡に配流。閏一〇月、同じく土御門上皇を土佐に配流。
貞応元	一二二二	五〇	二月、日蓮誕生。
二	一二二三	五一	
元仁元	一二二四	五二	息女覚信尼誕生。八月、京都で専修念仏者禁圧される。
嘉禄元	一二二五	五三	
二	一二二六	五四	
安貞元	一二二七	五五	この頃関東に念仏広まる。六月、延暦寺衆徒、法然の墳墓を破却。七月、延暦寺の訴により、専修念仏僧隆寛及び空阿弥陀仏等を流し、専修念仏を停止。
二	一二二八	五六	一月、法然の遺骨を荼毘にふす。
寛喜元	一二二九	五七	
二	一二三〇	五八	八月、大風雨。この年飢饉。
三	一二三一	五九	四月、親鸞風邪のため床に臥し、夢中、三部経を読む。この時、建保二年の三部経読誦を反省。五月、六波羅に命じて、京都の飢民が富豪を襲うことを取り締まらせる。死者多数。
貞永元	一二三二	六〇	

天福元	一二三三	六一	六月、入道藤原教雅、念仏上人と称して念仏を専修。そのため入道を遠流に処し、念仏を禁圧。
文暦元	一二三四	六二	
嘉禎元	一二三五	六三	この年、善鸞の息男如信誕生。親鸞一家帰洛。一一月、幕府、僧徒が兵仗を帯びることを禁止。七月、幕府、専修念仏を禁止。
二	一二三六	六四	
三	一二三七	六五	
暦仁元	一二三八	六六	
延応元	一二三九	六七	二月、一遍誕生。三月、選択集刊行。五月、人身売買禁じる。
仁治元	一二四〇	六八	五月、延暦寺衆徒、祇園神人に念仏を停止させる。
二	一二四一	六九	二月、鎌倉大地震。一二月、幕府、奢移を禁止。
三	一二四二	七〇	三月、幕府、鎌倉在住の僧徒の帯剣を禁止。九月、定禅、親鸞の真影を描く。
寛元元	一二四三	七一	一二月、親鸞、いや女譲り状を書く。
二	一二四四	七二	
三	一二四五	七三	
四	一二四六	七四	
宝治元	一二四七	七五	
二	一二四八	七六	一月、浄土和讃・高僧和讃を作る。
建長元	一二四九	七七	

二	一二五〇	七八	一〇月、唯信鈔文意を著す。道元（五一歳）後嵯峨上皇より紫衣を賜う。
三	一二五一	七九	二月、鎌倉大火。
四	一二五二	八〇	二月、異端の信仰に傾くことを、常陸の門徒に書状を送って戒める。また京都及び諸国において源空の遺弟中に異端の教えを説く者のあることを嘆く。三月、文類聚鈔を著す。
五	一二五三	八一	八月、道元没（五四歳）
六	一二五四	八二	一月、鎌倉大火。日蓮（三三歳）この頃より辻説法を始める。閏五月、京都大地震。一〇月、幕府、武士の狼藉及び人身売買を禁止。
七	一二五五	八三	八月、浄土三経往生文類・愚禿鈔を選述。一〇月、笠間の門徒よりの質問に答え、弟子性信に書状を送る。一一月、太子七五首和讃を作る。この年朝円、親鸞の真影を描く。（安城御影）
康元元	一二五六	八四	四月、四十八誓願を書く。五月、弟子に返事の書状を送り、上洛を勧め、志の銭三百文の礼を述べる。五月二九日、息男、慈信坊善鸞を義絶する。このことを性信に書き送り、門徒に告げさせる。七月、恵信尼、娘覚信尼に下人の譲り状を送る。一〇月、六字名号・八字名号・十字名号を書き讃を加える。一一月、往相廻向還相廻向文類を書く。
正嘉元	一二五七	八五	二月、「弥陀の本願信スヘシ」との夢告を感得する。一念多念文意・大日本国粟散王聖徳太子奉讃を著す。閏三月、弟子に書状を送り、教えを説く。また正像末和讃を作る。八月、鎌倉大地震。一〇月、弟子真仏並びに性真に書状を送り教えを説く。

二	一二五八	八六	六月、尊号真像銘文を作る。九月、正像末和讃を再び作る。九月、諸国に盗賊蜂起するにより、幕府、守護に、その逮捕を命じる。一二月、弟子顕智、京都三条の善法院において、獲得名号・自然法爾の教えを聞き、これを記す。
正元元	一二五九	八七	閏一〇月、高田入道に書を送り、門徒よりの志を感謝する。この年、諸国飢疫のため死者多し。
文応元	一二六〇	八八	七月、日蓮立正安国論を著し、幕府に信上する。一一月、弟子乗信に書状を送り、飢疫のために死者の多いことを嘆く。
弘長元	一二六一	八九	恵信尼病む。五月、日蓮（四〇歳）伊豆伊東に流罪。
二	一二六二	九〇	一一月、親鸞、弟の善法院にて没。一二月、覚信尼、親鸞の死を恵信尼に知らせる。

親鸞以降の教団のあり方——あとがきに代えて

親鸞には文中にもあるように弟子は一人もないといい、信徒組織も必要ない、伽藍《がらん》（寺院）も必要ない、死んでからの葬式も必要ないとしたのであるが、その後の浄土真宗の姿はがらりと姿を変えた。ことに浄土真宗の拡大に力を発揮したのは八代目蓮如で、彼はそれまでに軽視されていた農民に目をつけ、浄土真宗を日本一の教団に発展させた。

この浄土真宗は、本文でも述べたごとく、社会的には無気力で、日本史の上でも封建勢力温存で大きな役割を果たしたのであるが、根本的な教義の面でもさまざまなゆがみをもたらした。

およそ仏教が仏教としての本質を見失わない以上は、一つの厳然たる基準がある。それは人間が人間実践によって人間の理想を実現することである。これを菩提《ぼだい》といい、この理想を求める意欲を菩提心という。その実現の方法はいろいろ説明されるが、戒律《かいりつ》（道徳基準）、禅定《ぜんじょう》（瞑想）、および智慧《ちえ》（宗教的叡知）の三つが基本的条件で、これを欠くものは仏教とはいえない。したがって浄土真宗も厳密には仏教とはいえないのである。

また仏教は智慧と慈悲を根本的な特質とするといわれる。そこから救済という問題が出てくる。救済の宗教という形をとれば、当然、そこには他力の思想が出てくる。すなわち人間自身が自己の努力によって自己の理想を追求するというよりも、人間以上の存在――それはブッダであり菩薩である――の慈悲によって救済されるという思想である。しかし確実なインドの文献による限り、他力による救済は決して究極的なものではない。例え浄土に生まれたとしても、それで最後の理想に達したというわけではない。浄土の信仰においても、自己の菩薩への完成を最後の目標とする点には変わりはないのである。

また寺院は僧侶の修行の場というよりも、見物人のために興行を行なう場所とさえなった。こうした態度からみれば、宗教行事が精神的な意味を持たずに、ただのレクリエーションに堕落してしまうのは当然のことであった。

江戸時代、浄土宗が特に発達したのは、徳川家の保護によるものであった。その他浄土真宗、日蓮宗など少なくとも現在大宗派として存続しているものは、すべて例外なしに、幕府や朝廷への接近を機会あるごとに計った。親鸞の子孫である本願寺は、封建体制の一勢力として次第に権力を増してきたが、天文頃からは諸大名と交際があり、九条家を通じて朝廷に近づいた。明治以後は皇族と関係あり、華族に列して貴族としての地位が公に認められた。

そのような浄土教が近年の大戦争遂行において大いに役割を果たしたのは、必然のことであり、厳しく問われねばならないことである。まず、日本陸軍が満州において張作霖《ちょうさくりん》を爆殺した翌年の昭和四年には、浄土真宗西本願寺派の前管長・門主たる大谷光瑞《こうずい》は、次のように主張している。

「大般涅槃《だいはつねはん》経《ぎょう》には末世の正法《しょうほう》護持は持戒《じかい》によらず、刀剣器仗《きじょう》を用ゆべきを遺訓せり。武を得ずば文を全うすることを得ず。今日潰々者流《かいかいしゃ》〔乱れた考えの持ち主〕の漫《みだり》に平和を口にし、武備を怠らんとするや、淫楽に耽溺《たんでき》せんと欲する思想の発現にして、我、之《これ》に与《くみ》せざるなり。平和の毒は、人、是《これ》に罹《かか》るを知らず。大薩尼乾子所説経《だいさつにけんじしょせつきょう》は、王道の第一に武備を整うを以てせり。家に障壁《しょうへき》なくば盗賊、室に入る。国に武備なくば、隣寇《りんこう》〔隣の敵〕隙《すき》に乗ず。我が帝国は現に平和に中毒せんとし、文弱に流る。特に都市の青年に甚《はなは》だし」

そして、日本の軍部が満州事変を引き起こした直後の昭和六年十月、光瑞は、わざわざ単行本『支那事変と国民の覚』を刊行し、いわゆる軟弱外交を否定した日本軍部の「果断」を称賛し、「我々仏教徒は、涅槃経に示された仏陀の遺訓《いくん》に従って、正義のために戦うべきだ」と主張した。

さらに日本帝国主義の政治的代理人である近衛内閣が、「以後、中国国民政府を外交の相手とせず」との声明を発表した直後の昭和十三年二月、西本願寺の「学僧」・総本山の執行・勧《かん》学寮《がくりょう》の寮頭である梅原真隆は、次のように主張した。

「わが本派本願寺の明如《みょうにょ》上人〔光瑞の父・光尊〕が、陸海軍人へ寄せて、『後の世は弥陀の教えにまかせつつ、生命を君〔天皇裕仁のこと〕に安くささげよ』と詠《よ》まれた一首があります。蓋《けだ》しこの一首には、貴方の進んで行かれる大道が、明白に顕示せられてある。南無阿弥陀仏！　これ、聖なる生命の行進曲であります。何卒《なにとぞ》、力づよく念仏しながら、大君〔天皇〕のために、祖国のために、聖戦の白道を、一心こめて突進して下さい」

　こうした大戦争への宣伝協力は戦争に入ってからは、なおさら盛んになるのであるが、その四年間の犯罪行為は、現在に至るまでも正式には認められていない。ただし戦後は教団内部でも反省があり、大冊の戦時データ本も刊行され、社会的にも戦中の浄土教戦争協力を批判する単行本が上梓されている。

　しかしこうした状況の源流を辿れば、宗祖親鸞その人の教義と生涯にあることは、当然のことである。あるのは念仏ばかり。親鸞の社会的無気力、王法との妥協、絶対と相対の二元性、他力本願の姿勢、そうした精神が延々七百年続いて、今日の姿となっているのである。これは是非反省すべきことだ。そして望まれるのは浄土真宗の根本的改造である。それなのに、出る本、出る本、浄土真宗擁護と親鸞肯定本ばかり、研究者にも反省が少しも見られないのである。

玉川信明（たまがわ・のぶあき）
出身地　富山市旅籠町12番地
現住地　藤沢市高倉423-17
電話　0466-45-0859
著作：『評伝　辻潤』（三一書房）『エコール・ド・パリの日本人野郎』（朝日新聞社）『ぼくは浅草の不良少年』（作品社）『開放下中国の暗黒』（毎日新聞社）『和尚の超宗教的世界』（社会評論社）『我が青春、苦悩のおらびと歓喜』（現代思潮新社）そのほか多数。

異説　親鸞・浄土真宗ノート

2004年4月15日　初版第1刷発行

著　者——玉川信明
装　幀——桑谷速人
発行人——松田健二
発行所——株式会社社会評論社
東京都文京区本郷2-3-10
☎03(3814)3861　FAX.03(3818)2808
http://www.shahyo.com
印　刷——スマイル企画＋ミツワ
製　本——東和製本

ISBN4-7845-1438-4

玉川信明・和尚ガイドブック①

和尚の超宗教的世界

トランスパーソナル心理学との相対関係

世界の若者を魅了した和尚(ラジニーシ)。
その膨大な講話の記録に表出されている
全キーワードを16アイテムに分類。
TP心理学を援用して
その精神世界を解析する。

四六判/二八八頁/定価二〇〇〇円十税

玉川信明・和尚ガイドブック②

和尚、禅を語る

和尚の禅は愛の営みにも似た合一の禅であり、柔和な女性的な禅である。のびのびとまったく自然に成長し、花開いていく〈悟り〉への道。伝統や形式から自由な和尚の禅講話を読む。

四六判／二六四頁／定価二〇〇〇円十税

玉川信明・和尚ガイドブック③

和尚、性愛を語る

［エッセンス集］

自由なる性、それは神秘だ。
それはエクスタシーだ。
それは祝福だ。

四六版／二六六頁／定価二〇〇〇円＋税

玉川信明・和尚ガイドブック④

エッセンス集

和尚、聖典を語る

古代の聖典を現代に蘇らせ、
科学、芸術、宗教の融合を目指す。

四六版／三一〇頁／定価二三〇〇円＋税

第一章　移りゆく白雲のごとくに生きる
老子『道徳経』
第二章　世界の闇と光は溶け合っている
ハキーム・サナイ『ザ・ハディカ』
第三章　あなたが死ねばそれは得られる
「スーフィの逸話」
第四章　梵我一如の世界が存在してきた
「イーシャ・ウパニシャッド」
第五章　無一物と無尽蔵が融合している
『般若心経』
第六章　自由は対象との非同一化である
『ダンマパダ（法句経）』
第七章　男女の両性具有人間へ接近する
トマスの『聖書』
第八章　存在はゆったりして自然である
ティロパ『マハムドラーの詩』
第九章　あるがままに見るタントラ密教
「サハラの王の歌」
真の「宗教家」和尚を語る——あとがきにかえて